DAS PRAKTISCHE PENDELSET

FÜR EINSTEIGER

Das praktische Pendelset für Einsteiger

Petra Sonnenberg

IRIS

IRIS Bücher & mehr

Hinweis des Verlages:
Die Empfehlungen, Behandlungsmethoden, Informationen, Übungen, Rezepte, Aussagen usw. in diesem Buch wurden von der Autorin und dem Verlag so weit wie möglich erprobt und inhaltlich sorgfältig kontrolliert. Der Autor und der Verlag übernehmen keinerlei Haftung für eventuellen Schaden, der durch den Gebrauch oder Mißbrauch der Information in diesem Buch entsteht. Die Information in diesem Buch ist für Interessierte gedacht und nicht als Therapie- und Diagnoseanweisung im medizinischen Sinne zu verstehen.
Zur richtigen Anwendung und Dosierung aller in diesem Buch genannten Heilmittel befragen Sie bitte Ihren Arzt und/oder Heilpraktiker.

Die Originalausgabe erschien unter dem Titel *Praktisch pendelen voor beginners* bei Uitgeverij Schors, 1999, Amsterdam, Niederlande.

Übersetzung: Linda Gräfe
Umschlaggestaltung: Studio Paul C. Pollmann
Foto Umschlag: Annuska Steixner & Ron Bergman

ISBN 90-76274-03-7

Inhalt

Vorwort

von D. Jurriaanse

Das praktische Pendelset für Einsteiger hat, ebenso wie sein “Vorläufer”, *Das Große Pendelbuch*, die Absicht, das Pendeln von Tabus zu befreien und für jeden zugänglich zu machen, der sich für die Arbeit mit dem Pendel und deren Hintergründe interessiert. Das Realisieren dieses Vorhabens ist Petra Sonnenberg hervorragend gelungen; die zahllosen Reaktionen und Vorschläge und die Unmenge von Briefen, welche die Redaktion empfangen hat, machten deutlich, daß ihr frisches, zeitgemäßes Bild von der Arbeit mit dem Pendel eine sehr willkommene Ergänzung zur bestehenden “Pendelliteratur” ist.

Ihr erstes Buch, *Das Große Pendelbuch*, enthält 135 Pendeltafeln, die Einblick in die unterschiedlichsten Themen gewähren, wie Gesundheit, Ernährung, alternative Heilmittel, (spirituelle) Begabung und Charakter usw. Außerdem enthält es viel Information, die bei einer ersten Bekanntschaft mit dem Thema nicht unbedingt nötig ist, wie zum Beispiel die historischen Hintergründe und die wissenschaftliche Erforschung des Pendelns; diese Aspekte hat man nicht nötig, wenn man Grundkenntnisse erwerben will. Das sehr praktische, ausführliche Register, das mehr als 1250 Stichwörter und Begriffe enthält, vereinfacht die Arbeit mit dem inzwischen zum Standardwerk avancierten “Pendel-Arbeitsbuch”.

Obwohl *Das Große Pendelbuch* fast alle wesentlichen Aspekte des Pendeln behandelt, stellte es sich heraus, daß auch Interesse an einer Art “Basispaket” besteht, das weniger ausführlich auf die vielen Facetten des Pendelns eingeht. Speziell für Einsteiger hat Petra Sonnenberg eine gekürzte, einführende Version ihres umfangreichen Handbuchs zusammengestellt: *Das praktische Pendelset für Einsteiger.*

Dieses “Anfängerset” ist vor allem eine Einführung in die seriöse Pendelarbeit und ist hauptsächlich für diejenigen gedacht, die die verborgenen Kräfte des Pendels und seine vielen Möglichkeiten und Anwendungen an erster Stelle nur “oberflächlich” kennenlernen wollen.

Dem Buch *Das praktische Pendelset für Einsteiger* liegt das gleiche Konzept zugrunde wie dem Buch *Das Große Pendelbuch*, es ist jedoch weniger detailliert und darum hervorragend als "Einstieg" für Anfänger und diejenigen geeignet, denen das große Pendelbuch zu ausführlich ist.

Das praktische Pendelset für Einsteiger vermittelt Grundkenntnis über das Pendel, erklärt, wie man am bestem mit dem Pendel umgehen kann und enthält 10 Pendeltafeln zu den gängigsten Themen, so daß man sich als Anfänger sofort an die Arbeit machen kann. Praktisch sind die zwei zusätzlichen Pendeltafeln, die "leer" gelassen wurden, so daß sie kopiert und nach Wunsch und Belieben ausgefüllt und verwendet werden können.

Zum Einsteigerbuch gehört ein tropfenförmiges Messingpendel, das etwa 15 Gramm wiegt und in enger Zusammenarbeit mit Petra Sonnenberg entworfen wurde. Dieses Pendel hat ein ideales Gewicht und dank seiner optimalen Gestaltung gewährleistet es ein zuverlässiges Pendelergebnis.

Das praktische Pendelset für Einsteiger - mit Pendel - ist ein phantastisches Hilfsmittel und ein zuverlässiger Führer, der Antwort auf viele Fragen geben kann. Darüber hinaus wird es alle, die der "Arbeit mit dem Pendel" noch skeptisch gegenüberstehen, von der Kraft der "Pendelarbeit" überzeugen.

Caserta, 1999.

1. Das Pendel kennenlernen

Bevor wir uns mit der Arbeit mit dem Pendel beschäftigen, wollen wir erst mehr über das Pendel selbst erfahren. Was ist ein Pendel, aus welchen Materialien kann ein Pendel hergestellt werden, wie können wir diese verschiedenen Materialien anwenden und wie groß oder klein darf ein Pendel sein? Diese Information hat man nötig, um das Pendel gründlich kennenzulernen und zu erlernen, es in verschiedenen Situationen oder bei unterschiedlichen Fragen anzuwenden. Denn Pendel sind sehr verschieden.

Wie sieht ein Pendel aus?

Ein Pendel ist - vereinfacht ausgedrückt - ein (nicht zu großes) Gewicht, das an einem (nicht zu langen) Faden oder an einer Kette hängt. Der Pendler hält das Pendel zwischen Daumen und Zeigefinger, so daß sich das Pendel ungehindert bewegen kann (schwingen oder ausschlagen), über ein Objekt, das ausgependelt werden soll.

Wenn wir jetzt an die wichtigste Eigenschaft eines Gewichts an einem Faden oder an einer Kette denken - in die Richtung der stärksten Anziehungskraft zu schwingen - sollten wir uns klarmachen, daß diverse Faktoren die Beweglichkeit (und die Wirkung) des Pendels beeinflussen können. (In diesem Moment konzentrieren wir uns auf das Pendel und nicht auf die Faktoren der Umgebung).

Diese Faktoren können auf verschiedene Art und Weise Einfluß ausüben. Zum Beispiel:

- *Material des Pendels:*
  - spezifisches Gewicht
  - Form und Größe
  - Leitfähigkeit oder Beeinflussung

- *Faden oder Kette am Pendel:*
  - Material und Zusammensetzung
  - Form und Länge

Das Material des Pendels

Spezifisches Gewicht

Das Material, aus dem das Pendel angefertigt ist, beeinflußt die Pendelbewegung aus verschiedenen Gründen. Jedes Material hat zum Beispiel ein eigenes spezifisches Gewicht: Je schwerer das Material, desto langsamer die Schwingung des Pendels. Die Beweglichkeit ist ja vom "Einfluß", den die Schwerkraft auf das Material ausübt, abhängig.

Form

Bei der Wahl des Pendels ist man nicht an eine einzige Form gebunden; sie kann von einer Kugel bis zu einer schmalen Zylinderform variieren, jedoch auch eine Kombination verschiedener Formen sein. Bei der Wahl der für Sie geeigneten Form des Pendels können Sie sich von der Form leiten lassen ("Spricht mich die Form des Pendels an oder nicht?") oder von der Brauchbarkeit der Form. Es ist wichtig, daß das Pendel eine deutliche Spitze hat, mit der die gefragte Information - die "Antwort" - angewiesen werden kann. Eine deutliche Spitze an der Unterseite eines (kugel- oder kegelförmigen) Pendels ist beispielsweise denkbar, oder auch ein (schmales) zylinderförmiges Pendel mit Spitze.

Die Form des Pendels ist also wichtig, denn je deutlicher die Spitze ist, desto exakter kann die Information abgelesen werden.

Die Wahl des Materials des Pendels beeinflußt auch die Form: (Edel-) Metallpendel können in fast jede gewünschte oder geeignete Form gegossen werden; wie kugel- oder zylinderförmige Pendel mit einer deutlichen Spitze, längliche oder zylinderförmige Pendel, deren eine Seite als Spitze dienen kann, oder ein zerlegbares Pendel, dessen Form und Größe variiert werden kann (größer/kleiner), oder das man zum Beispiel mit Edelsteinstaub, ätherischem Öl oder bestimmten Kräutern (Kräuteressenzen) füllen kann.

Pendel aus (Edel-) Stein können aufgrund ihrer Form (z.B. Facettenschliff oder Origalform des Steins oder Kristalls) spezielle Anwendung finden.

Größe

Auch die Größe des Pendels wird durch die Wahl des Materials beeinflußt. Man kann in etwa sagen: Je schwerer das Material ist, desto kleiner ist das Pendel - je leichter das Material ist (zum Beispiel Holz), desto mehr sollte die Form berücksichtigt werden.

Leitfähigkeit oder Beeinflussung
Auch die Leitfähigkeit des Materials ist wichtig. Quarz hat zum Beispiel eine andere Leitfähigkeit als Messing. Je besser das Material leitet, desto deutlicher ist die vom Benutzer des Pendels abzulesende Information. Es ist an dieser Stelle jedoch erwähnenswert, daß diese "Leitfähigkeit" eine sehr persönliche Erfahrung ist. Manche Pendler arbeiten zum Beispiel lieber mit Kristallen oder (Edel-) Steinen, andere lieber mit (Edel-) Metallen oder Legierungen verschiedener Metalle.

Wenn man mehrere Pendel aus verschiedenem Material ausprobiert, merkt man sehr schnell, welches Material am besten zu einem paßt.

Es gibt jedoch einige Bereiche, in denen das Material des Pendels die Pendelbewegung beeinflussen kann. Ein Beispiel ist das Auspendeln von Lebensmitteln, (Edel-) Steinen, Mineralien, das Lokalisieren möglicher Ursachen von Krankheiten usw. Kurzum, alle Gegenstände oder Angelegenheiten deren Ursprung, Hintergrund oder Zusammensetzung "natürlich" ist. Die folgenden Beispiele verdeutlichen dieses Phänomen.

1. Beispiel
"Paßt dieses Stück Rosenquarz zum Sternbild Stier?" (Antwort: "Ja" oder "Nein")

Ein Pendel aus Bergkristall (natürliches Material) könnte beim Auspendeln einer bestimmten (Edel-) Steinart eine unerwartete, relativ ungenaue oder sogar keine Antwort auf die gestellte Frage geben. In diesem Fall ist eine eindeutig negative Antwort nicht ausgeschlossen, obwohl Rosenquarz ein Stein ist, der dem Sternbild Stier speziell zugeordnet ist!

Warum gibt das Pendel in diesem Fall eine falsche Antwort? Man sollte berücksichtigen, daß ein Pendel aus natürlichem Material eigene, spezielle Eigenschaften hat. Bergkristall ist beispielsweise durchsichtig, fast farblos und beinahe kühl (Kristall leitet sich vom griechischen Krystallos her, was Eis bedeutet). Bergkristall wirkt reinigend und kühlend und ist gewissermaßen "einzigartig" als Überbringer des "göttlichen Lichts". Dem Stein ist das Sternbild Steinbock zugeordnet.

Darum ist es auch kein Wunder, daß ein Pendel aus Bergkristall mit einem Stück Rosenquarz nichts anzufangen weiß! Die Eigenschaften von Rosenquarz sind denen des Bergkristalls diametral entgegengesetzt. Rosenquarz ist warm hellrosa gefärbt, er wirkt beruhigend, liebevoll und harmonisierend; Rosenquarz ist gewissermaßen ein "sozialer" Stein; er ist den Sternzeichen Stier und Waage zugeordnet.

Dieses Beispiel zeigt deutlich, daß die Eigenschaften bestimmter Materialien einander beeinflussen können, wodurch bei bestimmten Fragen "falsche" Antworten gegeben werden können.

In einer solchen Situation ist es besser, ein Pendel zu verwenden, das aus völlig andersartigem Material als der auszupendelende Gegenstand besteht, wodurch die natürlichen Eigenschaften des Pendels katalysiert werden.

In diesem Fall ist ein vernickeltes Pendel oder ein Pendel aus Messing bestens geeignet.

2. Beispiel
"Kann ich ein hölzernes Pendel zum Lokalisieren möglicher Ursachen von Krankheiten verwenden?" (Antwort: "Ja" oder "Nein")

Im Prinzip sollte dies problemlos verlaufen. Man kann aus vielen Holzarten wählen, ein hölzernes Pendel kann jedoch - obwohl Holz im allgemeinen "neutral" ist - aufgrund seiner erdenden Eigenschaften Strahlung schlechter weiterleiten als ein Pendel aus Messing, das ein guter Leiter ist. Auch hier gilt, daß ein Pendel aus Messing wahrscheinlich zu einem genaueren Ergebnis führt.

Wichtig ist auch, daß diverse Holzarten eine heilende Wirkung haben, wie zum Beispiel Sandel- und Zedernholz; diese Holzarten sind aufgrund ihrer speziellen heilenden Eigenschaften hervorragend als Amulett geeignet; man sollte jedoch erst auspendeln (zum Beispiel mit einem Pendel aus Messing oder Kupfer), wogegen dieses Amulett einen schützen soll!

3. Beispiel
"Kann ich mit einem Pendel aus reinem Kupfer geeignetes Gemüse für eine bestimmte Diät auspendeln?" (Antwort: "Ja" oder "Nein")

Es ist allgemein bekannt, daß das Metall Kupfer ein ausgezeichneter Leiter ist und jede Energieform hervorragend weitergeben kann. Kupfer wirkt zwar reinigend, ist in seiner natürlichen Form jedoch sehr giftig! Kupfer reagiert sehr stark auf allerlei natürliche Energien und oxidiert schnell. Das kann man mit einem einfachen Experiment testen: Man lege ein dünnes Stück roten Kupfers (zum Beispiel einen Pfennig) in frischen Tomatensaft und warte einige Zeit... Das Ergebnis dieses Experiments ist überraschend! Das Kupfer glänzt erst wunderschön, wird sich jedoch schließlich, auch dauert es ziemlich lange, auflösen.

In diesem Fall ist ein Pendel aus Kupfer abzuraten, da die starken Reaktionen dieses Metalls sehr spezifische Eigenschaften sind, die einer objektiven Antwort auf Gesundheitsfragen im Wege stehen.

Der Faden oder die Kette am Pendel

Ein unentbehrliches Zubehör ist natürlich der Faden oder die Kette, an dem oder der das Pendel hängt. Es kann ein Faden aus einem natürlichem Material sein, wie zum Beispiel Seide, Flachs oder anderes - vorzugsweise feingesponnenes - Material oder eine silberne Kette, die vorzugsweise aus runden Kettengliedern angefertigt ist, damit die Energie so gleichmäßig wie möglich weitergeleitet wird. Auch für den Faden oder die Kette gibt es keine festen Regeln; manche Menschen bevorzugen natürliches Material, anderen ist es egal.

Die Länge des Fadens oder der Kette am Pendel sollte so reguliert werden, daß sich das Pendel ungehindert bewegen kann, der Faden oder die Kette sollte jedoch nicht zu lang sein, da der gefühlsmäßige Kontakt zum Pendel sonst verloren geht. Wenn der Faden nämlich nicht gut festgehalten wird, wird das Weiterleiten der Information erschwert, darum sollten das Pendel und die Länge des Fadens gut aufeinander abgestimmt sein. Nachdem man mit verschiedenen Pendeln und verschiedenen Fadenlängen experimentiert hat - mit Material, Form und Größe - wird man bemerken, daß zu jedem Material, zu jeder Größe oder zu jeder Form des Pendels ein Faden oder eine Kette paßt, der oder die "genau richtig" ist.

Einige Richtlinien zur Wahl des Pendels

Im Prinzip kann ein Pendel aus jedem Material angefertigt werden, bei der endgültigen Wahl sollte man jedoch berücksichtigen, zu welchem Zweck man das Pendel einsetzen will.

Wenn das Pendel verwendet werden soll, um physische Probleme, die Ernährungsweise oder (Edel-) Steinarten usw. auszupendeln, sollte man ein (nicht zu schweres) Pendel aus Messing verwenden.

Wenn theoretischere Fragen ausgependelt werden sollen, kann man jede Art von Pendel verwenden. Man sollte jedoch darauf achten, daß ein Pendel aus Edelstein oder Metall zum eigenen Charakter passen sollte und eventuelle emotionelle Defizite ergänzt. Jemand mit einem schwermütigen Charakter kann zum Beispiel völlig aus der Fassung geraten, wenn er mit einem Pendel aus dunklem Obsidian oder Stahl arbeitet. zu einer solchen Person paßt Bergkristall, Aquamarin oder Silber!

Kurzum, die Brauchbarkeit des Pendels muß sich in der Praxis zeigen! Man sollte nicht davor zurückscheuen, mehrere Pendel auszuprobieren. Das Pendel, das was Form und Material anbelangt am besten zu einem paßt, wird auch am effektivsten sein. Man kann zum Beispiel in verschiedenen Situationen oder bei verschiedenen Fragen auch mit mehreren Pendeln arbeiten.

Wenn man das richtige Pendel schließlich gefunden hat, ist es dank seiner Zusammensetzung, seines Gewichts, seiner Form und Beweglichkeit ein sehr empfindliches Meßinstrument zum Auffangen von Energie oder Strahlungen. Das Pendel kann dann auch als Hilfsmittel zur Erweiterung unserer Möglichkeiten, zur Ergänzung unserer Kenntnis und als zuverlässiger Ratgeber, der uns hilft, uns und unsere Mitmenschen besser zu verstehen, eingesetzt werden.

Die Pendelbewegung

Die wichtigste Eigenschaft eines Gewichts an einem Faden oder an einer Kette ist, wie schon eher erwähnt, daß es sich auf eine Stelle zubewegt, an der die Anziehungskraft der Erde am größten ist. Energie setzt das Pendel in Bewegung, wenn diese Energie wegfällt, kommt das Pendel nach einiger Zeit wieder zum Stillstand. Wie gesagt besitzt jede Lebensform seine individuelle Energie (-schwingung), da sie von einer eigenen "Aura" kosmischer Strahlung umgeben ist. Mit sehr empfindlichen Instrumenten, wie dem Pendel, kann man diese Strahlung auffangen, wodurch es zu schwingen beginnt.

Das Pendel schwingt nicht willkürlich, es gibt viele gesetzmäßige Pendelfiguren. Zum Beispiel von links nach rechts *(waagerechte Schwingungen)*, von oben nach unten *(senkrechte Schwingungen)* oder kreisförmige Bewegungen, die sowohl links- als rechtsrotierend sein können.

Welche Bedeutung diese Schwingung (Pendelausschlag) hat und wie wir sie interpretieren müssen, wird im nächsten Kapitel behandelt (siehe Abschnitt: *Das Feststellen des individuellen Codes*).

2. Vorbereitung auf die Arbeit mit dem Pendel

Kann jeder pendeln?

Ja, im Prinzip kann jeder pendeln, eine "Ausbildung" als Pendler ist nicht nötig; etwas *Übung* und *Erfahrung* ist jedoch wünschenswert, damit die Information, die das Pendel liefert, sorgfältig interpretiert werden kann. Die Materie, mit der der Pendler arbeitet, ist ja sehr subtil und das Pendel ist ein sehr empfindliches Meßinstrument.

Übung und Erfahrung bekommt man, wenn man oft mit dem Pendel arbeitet. Unter anderem, indem man sich erst mit einem Pendel oder mehreren Pendeln vertraut macht und anschließend seinen individuellen Pendelcode feststellt, um schließlich ein Gespür für die verschiedenen Materialien und ihre unterschiedlichen Strahlungen zu bekommen.

Gezielte Übungen stehen in den Abschnitten *Wie sieht ein Pendel aus?, Das Feststellen des individuellen Codes* und *In Kontakt treten.* Lassen Sie diese Übungen *auf keinen Fall* aus. Wenn man richtig und regelmäßig übt und die Pendelschwingungen sorgfältig miteinander vergleicht, bekommt man von selbst genügend Erfahrung.

Persönliche Vorbereitung

Was gehört zur Vorbereitung? An erster Stelle ist es sehr wichtig, daß man sich auf die Arbeit mit dem Pendel einstellt. Dies gilt nicht nur für praktische Aspekte, sondern auch für die Umgebung, für die Materie, mit der man arbeiten will, für die Störfaktoren usw. Kurzum, alles was wichtig sein könnte, spielt bei der persönlichen Vorbereitung eine Rolle. Darum sollte man eine optimale Arbeitssituation schaffen. Falls einen die Umgebung leicht ablenkt, könnte es zum Beispiel sehr sinnvoll sein, ein spezielles Zimmer für die Arbeit mit dem Pendel einzurichten (siehe Abschnitt: *Das Einrichten eines Pendelzimmers*).

Im Rahmen dieser Vorbereitungen muß man sich geistig auf das Pendel einstellen, man muß lernen mit dem Pendel umzugehen, man muß seinen individuellen Pendelcode feststellen und zu den Materialien und Personen Kontakt bekommen, mit denen man arbeitet. Auf diese einzelnen Themen gehen wir noch näher ein.

Eine gute Vorbereitung bedeutet, daß das Resultat des Pendelns nicht unnötig ungünstig beeinflußt wird. Je mehr psychische und physische Störfaktoren ausgeschlossen werden, desto verläßlicher ist das Resultat.

Bin ich dazu bereit, offen und ehrlich zu sein?

Eine der wichtigsten Vorbereitungen besteht daraus, sich *selbst* auf die Arbeit mit dem Pendel vorzubereiten, so daß man sich ausschließlich auf das Pendel zu konzentrieren braucht und nicht von allerlei nebensächlichen Gedanken oder Umständen abgelenkt wird. Diese Vorbereitung bedeutet, daß man sich *geistig* einstellt auf dasjenige, was geschehen kann und sich selbst die Frage stellt: "Bin ich dazu bereit, gegenüber der Information, die ich empfangen kann, ehrlich zu sein? Bin ich in der Lage, hinsichtlich dessen, was geschehen kann, neutral zu bleiben?"

Die folgenden Richtlinien helfen Ihnen bei der geistigen Vorbereitung:

- Treten Sie mit Ihrem Unterbewußtsein in Kontakt, indem Sie sich auf Ihr eigenes "Ich" konzentrieren. Schließen Sie die Augen und atmen Sie etwa eine Minute lang ruhig ein und aus. Wenn Ihre Atmung nach dieser Zeitspanne noch ruhig ist, verharren Sie noch eine Minute in dieser Haltung. Der Kontakt ist hergestellt, wenn Sie Wärme durch Ihren Körper fließen fühlen.

- Schalten Sie Ihren Geist in den "Leerlauf", befreien Sie sich von allen Gedanken, die mit der Arbeit mit dem Pendel nichts zu tun haben; auf diese Weise sind Sie empfänglicher.

- Öffnen Sie sich: Sowohl für diverse mögliche Fragen, als auch für die sehr unterschiedliche und manchmal sehr überraschende Information, die Sie durch das Pendel erhalten.

- Stehen Sie dem möglichen Ergebnis neutral gegenüber, versuchen Sie jedoch, nicht verkrampft zu sein. Sie sind sich völlig von der Idee bewußt, daß Sie "nur" eine Zwischenperson zwischen den Strahlungen und Energien um uns und dem Pendel in Ihrer Hand sind.

- Seien Sie dazu bereit, so neutral und empfänglich zu sein, daß Sie in der Lage sind, sich auf jede kosmische oder menschliche "Wellenlänge" einzustellen. Außer mit Ihrem Unterbewußtsein müssen Sie auch mit den Materialien oder Personen in Kontakt kommen, mit denen Sie arbeiten wollen. Das erfordert zwar einige Übung, ist jedoch eine Voraussetzung! (Siehe Abschnitt: In Kontakt treten).

- Seien Sie völlig ehrlich, lassen Sie sich nicht von allerlei zwingenden eigenen Beweggründen oder denen anderer ablenken, um unbedingt ein Resultat zu erzielen. Es kann sogar geschehen, daß das Pendel keine oder unzureichend Antwort gibt, wenn der Moment oder die Umstände (noch) nicht reif dazu sind!

- Geben Sie nicht zu schnell auf, da diverse Störfaktoren eine Rolle spielen können, diese müssen Sie zuerst suchen, damit Sie sie ausschließen können. Zum Beispiel: Die Haltung, in der Sie arbeiten, ist nicht korrekt, oder Sie werden zu viel von Gegenständen oder Einflüssen in Ihrer unmittelbaren Umgebung abgelenkt, vielleicht haben Sie die Frage nicht korrekt gestellt usw. Schließen Sie diese Störfaktoren so viel wie möglich aus und versuchen Sie es noch einmal.

Wie muß ich das Pendel festhalten

Das Pendel muß so festgehalten werden, daß es sich ungehindert bewegen kann und der Faden muß so lang sein, daß es ausschlagen kann. Vor allem zu Anfang ist es relativ schwierig, das Pendel richtig zu hantieren, ohne die Bewegungen des Pendels - physisch - zu beeinflussen. Dies kann geschehen, wenn das Pendel falsch festgehalten wird, so daß es sich nicht ungehindert bewegen kann, oder weil Sie noch nicht die richtige Haltung gefunden haben, wodurch das Pendel einen "Stoß" bekommt oder in seiner Bewegungsfreiheit gehindert wird. Um sicher davon zu sein, daß Sie das Pendel richtig festhalten, finden Sie weiter unten einige Beispiele einer korrekten Pendelhaltung.

1. Haltung

- Verwenden Sie ein Pendel, dessen Faden oder Kette so lang ist, daß die Länge reguliert werden kann.
- Wickeln Sie das Ende des Fadens oder der Kette um Ihren kleinen Finger, so daß der Faden nicht lose herunterhängt (wodurch Sie abgelenkt werden).

- Halten Sie den Faden oder die Kette gut, jedoch entspannt, zwischen Daumen und Zeigefinger fest und lassen Sie das Pendel "locker" hängen.
- Richten Sie Ihre Handfläche jetzt nach oben und lassen Sie den Faden, an dem das Pendel hängt, locker in den Spalt zwischen Daumen und Zeigefinger gleiten.
- Versuchen Sie nicht, Ihren Arm auf den Tisch aufzustützen (gerade am Anfang ist dies ziemlich schwierig), da Sie dem Pendel sonst zu wenig "Freiheit" lassen.
- Drücken Sie Ihren Ellbogen leicht gegen Ihren Körper an, so daß Ihr Unterarm ruhen kann: Auf diese Weise ist Ihre Haltung entspannt und aufnahmebereit.

2. Haltung

- Folgen Sie die ersten drei Schritte der 1. Haltung, Ihre Handfläche zeigt jedoch nach unten.
- Versuchen Sie, die ganze Hand zu entspannen, Sie müssen jedoch genügend Kraft haben, um das Pendel gut festhalten zu können.
- Wenn Sie noch nicht viel Erfahrung haben, dürfen Sie Ihren Arm leicht auf den Tisch stützen, das Handgelenk jedoch nicht abknicken.
- Ihr Daumen und Unterarm bilden eine gerade Linie: Auf diese Weise ist Ihre Haltung entspannt und aufnahmebereit.

3. Haltung

Es gibt noch eine weitere Handhaltung, die jedoch ziemlich selten angewendet wird. Das Pendel wird von einem Finger gehalten:

- Verwenden Sie ein Pendel, dessen Faden oder Kette so lang ist, daß die Länge reguliert werden kann.
- Machen Sie eine entspannte Faust und strecken Sie Ihren Zeigefinger nach vorne, als ob Sie auf etwas zeigen wollen.
- Wickeln Sie den Faden ein- oder zweimal um Ihren Zeigefinger und lassen Sie das Pendel - die Länge des Fadens oder der Kette muß ausreichend sein - locker hängen.
- Wickeln Sie das Ende des Fadens oder der Kette um Ihren kleinen Finger, beachten Sie, daß Sie genügend "Spiel" haben, damit das Pendel nicht beeinträchtigt wird.
- Richten Sie Ihre Handfläche jetzt nach oben, so daß Sie Ihre Fingerglieder sehen können, Ihren Ellbogen drücken Sie leicht gegen Ihren Körper an.

- Oder: Richten Sie Ihre Handfläche nach unten (Sie sehen Ihre Fingerknöchel) und stützen Sie Ihren Ellbogen leicht auf den Tisch; Zeigefinger und Unterarm bilden eine gerade Linie, das Handgelenk darf nicht abgeknickt werden.

Mit welcher Hand sollte ich pendeln?

Hierüber ist man geteilter Meinung: Manche Menschen behaupten, daß man am besten mit der Hand, mit der man schreibt, pendeln kann, andere behaupten, daß man die andere Hand nehmen sollte. Die Hand, mit der man schreibt, symbolisiert angeblich das rationale Denken, die andere Hand hingegen spiegelt das Gefühlsmäßige, Intuitive und Unbewußte eines Menschen wider. Wieder andere behaupten genau das Gegenteil: Die Hand, mit der man schreibt, spiegelt vermeintlich das Gefühlsmäßige, Intuitive und Unbewußte wider.

In der Praxis stellt es sich meistens von selbst heraus, mit welcher Hand man am besten pendeln kann. Durch Übung und Erfahrung wird der Pendler im Laufe der Zeit selbst am besten "spüren", welche Hand am besten "leitet". Es ist sogar möglich, daß sich dies nach einiger Zeit wieder verändert; es gibt keine unumstößlichen Regeln.

Wenn Sie nach den vorangegangenen Übungen und Erklärungen in der Lage sind, das Pendel korrekt festzuhalten, ohne daß die Haltung eine gewisse Verkrampfung oder Ermüdung zur Folge hat, und Sie können spüren, welche Hand Ihre "Pendelhand" ist, ist der Moment angebrochen, den *individuellen Code* zu ermitteln.

Es ist einfach, diesen "Code" mit den untenstehenden Übungen festzustellen. Auch wenn Sie viel Erfahrung haben, ist es zweckmäßig, diesen Code hin und wieder zu kontrollieren, um Unsicherheiten hinsichtlich des Ergebnisses so viel wie möglich einzuschränken.

Das Feststellen des individuellen Codes

Der individuelle Code der Pendelschwingung heißt so, weil er für jedes Individuum anders ist. Das bedeutet, daß jeder, der mit dem Pendel arbeiten will, erst selber seinen eigenen, nur für ihn gültigen Pendelcode feststellen muß, bevor er unfehlbar pendeln kann.

Der individuelle Code steht in Zusammenhang mit den verschiedenen - festen - Pendelfiguren, die das Pendel beschreibt. Mit Hilfe einiger Übungen können Sie schnell feststellen, welche Schemen bei Ihnen am meisten auftreten, was sie bedeuten und wie Sie diese Schemen *bewerten* müssen; letztgenanntes ist Ihr individueller Pendelcode.

Wenn Sie Ihren Pendelcode feststellen wollen, ist es wichtig, daß Sie erst mit Ihrem Unterbewußtsein in Kontakt treten; Arbeiten mit dem Pendel ist ja im Grunde nichts anderes als das Sichtbarmachen von Information mit Hilfe unseres (allgemeinen) Unterbewußtseins.

Wie gehen Sie vor?

Nehmen Sie ein großes Blatt Papier oder dünne Pappe, am liebsten ein weißes, und legen Sie es auf einen flachen Untergrund, zum Beispiel auf einen Tisch. Nehmen Sie das Pendel (in der richtigen Pendelhaltung) in die Hand und halten Sie es völlig still über einen bestimmten Punkt auf dem Papier. Entspannen Sie sich und befreien Sie Ihren Geist von überflüssigen Gedanken, Ihre Augen sind auf das Pendel gerichtet. Nach einiger Zeit können Sie das Pendel "spüren": Das Pendel scheint schwerer zu werden und in eine bestimmte Richtung zu schwingen. Jetzt haben Sie Kontakt mit Ihrem Pendel.

Da bei der Arbeit mit dem Pendel stets von einer Frage ausgegangen wird, muß herausgefunden werden, welche Bewegung ein *positives* Ergebnis bedeutet ("Ja") und welche ein *negatives* Ergebnis ("Nein").

Konzentrieren Sie sich auf die Bewegung, die Ihr Pendel machen soll, in diesem Beispiel lautet die Antwort "Ja". Stellen Sie dem Pendel jetzt eine Frage, deren Antwort Sie *sicher wissen* - in diesem Fall "Ja" - und beobachten Sie, welche Bewegung das Pendel macht.

Beobachten Sie, welche Bewegung am *meisten* vorkommt oder am *deutlichsten* ist. Wenn das nicht sofort gelingt, oder wenn die Pendelbewegung nicht eindeutig ist, wiederholen Sie diese Übung nach einer kurzen Pause. Achten Sie auch darauf, ob Störfaktoren eine Rolle spielen. Wenn Sie abgelenkt werden oder sich nicht konzentrieren können, beseitigen Sie diese Störungen und wiederholen Sie die Übung.

Wenn es Ihnen nach einigen Versuchen gelungen ist, eine deutliche Bewegung zu erzielen, zeichnen Sie diese Bewegung (mit Bleistift) auf dem Blatt Papier oder Pappe nach. Es muß nicht unbedingt eine einzige Linie sein: Lassen Sie Ihre Hand ruhig mehrmals der Bewegung folgen und betrachten Sie das Resultat eingehend. Messen Sie dieser Bewegung einen Wert bei, in diesem Fall "Ja", und schreiben Sie dies mit großen Buchstaben auf das Papier oder auf die Pappe. Sie wissen jetzt sicher, welche Bewegung "Ja" bedeutet.

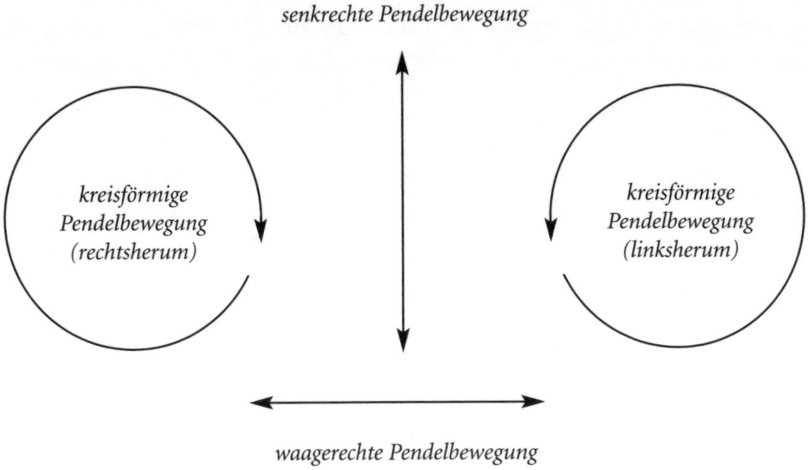

Versuchen Sie nach dieser Übung das Pendel eine entgegengesetzte Bewegung machen zu lassen (in diesem Fall mit der Bedeutung "Nein"), indem Sie eine Frage stellen, worauf die Antwort hundertprozentig "Nein" lautet. Beobachten Sie die Pendelbewegungen, zeichnen Sie diese auf das Papier und schreiben Sie die Bedeutung hinzu.

Schlug das Pendels bei dieser Übung vor allem in waagerechte und senkrechte Richtung aus, können Sie die Bedeutung des *kreisförmigen* Ausschlags des Pendels (völlig) anders interpretieren, zum Beispiel "vielleicht" oder "die Frage ist undeutlich" oder "diese Frage kann oder darf (noch) nicht beantwortet werden". Zeichnen Sie diese Bewegungen ebenfalls auf das Papier und schreiben Sie die Bedeutung hinzu.

Wenn Sie die obenstehende Übungen so oft gemacht haben, daß über die Schwingungsrichtung keine Zweifel mehr bestehen, können Sie die Übungen auch mit *geschlossenen Augen* machen; erst dann können Sie völlig sicher sein, daß Sie das "Spüren" der Pendelbewegungen wirklich beherrschen. Beginnen Sie auch jetzt damit, daß Sie sich entspannen und Ihren Geist in den Leerlauf schalten. Lassen Sie das Pendel völlig still hängen, bevor Sie sich auf die Bewegungen konzentrieren, die das Pendel machen soll. Wenn Sie sicher "wissen", daß sich das Pendel bewegt, öffnen Sie die Augen, um die Bewegung auf dem Papier nachzuzeichnen; schreiben sie wiederum auf, ob die Bedeutung mit der Bewegung übereinstimmt, die Sie (mit geschlossenen Augen) wahrgenommen haben.

Die Bewegungen des Pendels können jedoch auch vom "Pendelobjekt", von der Arbeitsweise oder der (mangelnden) Erfahrung des Pendlers beeinflußt werden. Machen Sie diese Übungen darum mit verschiedenen Pendeln (unterschiedliche Größe, Form, Material, Gewicht usw.) und stellen Sie fest, wie die Bewegungen des Pendels hierdurch beeinflußt werden.

Legen Sie eine Sammlung der Zeichnungen an, so daß Ihnen alle Bewegungen des Pendels geläufig werden und Mißverständnisse ausgeschlossen sind.

Üben und experimentieren Sie hiermit eine Zeitlang, bevor Sie wirklich mit dem Pendel arbeiten. Es ist nicht wichtig, ob das Pendel große oder kleine Bewegungen macht, wir konzentrieren uns ausschließlich auf die *Schwingungsrichtung.*

In Kontakt treten

"Kontakt" ist ein wesentlicher Bestandteil der Arbeit mit dem Pendel. Im vorigen Abschnitt haben wir gelesen, daß wir Kontakt mit dem Pendel und unserem Unterbewußtsein haben müssen, bevor wir unseren individuellen Code feststellen, für ein verläßliches Pendelresultat ist es jedoch wichtig, daß wir auch mit dem "Pendelobjekt" in Kontakt treten.

Es ist relativ einfach, mit dem Pendel in Kontakt zu treten. Wenn Sie sich auf das stillhängende Pendel konzentrieren, spüren Sie nach einiger Zeit, daß das Pendel scheinbar schwerer wird und in eine bestimmte Richtung zu schwingen scheint. Dieses Phänomen erlebt nicht jeder auf die gleiche Weise; manche erfahren es als Kitzeln oder Prickeln, andere fühlen nur "Schwere".

Beim Auspendeln eines bestimmten Objekts, von dem festgestellt werden soll, ob es zu jemandem paßt oder nicht, oder in dieser Situation geeignet ist oder nicht, ist es erforderlich, daß man Kontakt zu diesem Gegenstand hat. Wenn das Objekt vor Ihnen liegt, können Sie es in die Hand nehmen oder leicht berühren. Konzentrieren Sie sich auf dieses Objekt und schließen Sie, wenn nötig, die Augen. Lassen Sie die Aura kosmischer Strahlung auf sich einwirken und fühlen Sie die Energie, die der Gegenstand ausstrahlt.

Wenn sich diese Energie wie ein gleichmäßiger Rhythmus anfühlt, ist der Kontakt hergestellt und sollte die "Wellenlänge" des Objekts gut spürbar sein. Lassen Sie sich ruhig Zeit, um diesen Kontakt herzustellen.

Das Objekt kann natürlich auch ein Mensch oder ein anderes Lebewesen sein (Haustier, Pflanze usw.). Vor allem bei der Suche nach Ursachen von Beschwerden oder Erkrankungen ist es wichtig, daß man einen guten Kontakt zum Pendelobjekt hat! Treten Sie in Kontakt, indem Sie das Objekt betrachten, berühren (bei

Personen erst um Zustimmung fragen!) und die Strahlung auf sich einwirken lassen. Sie können Ihre Augen ruhig schließen, es ist jedoch nicht unbedingt nötig. Es geht vor allem um die Konzentration und die Absicht, warum Sie diesen Kontakt bekommen wollen.

Wenn Sie spüren, daß der "kosmische" Kontakt optimal ist, legen Sie die "Wellenlänge" in Ihrem Gedächtnis fest. Sie können stets wieder darauf zurückgreifen, wenn Sie mehrere Fragen zu einer Person beantworten wollen. Beziehen Sie auch die persönliche Ausstrahlung dieser Person in diese "elementare Skizze" ein. Sollten Sie einen starken Kontrast zwischen diesen zwei "Skizzen" spüren, könnte es sinnvoll sein, mit aller Vorsicht etwas mehr darüber zu erfahren - zum Beispiel mit Hilfe des Pendels...

Falls uns das Pendelobjekt nicht zur Verfügung steht, müssen wir uns auf ein Bild (Foto, ausführliche Beschreibung) des Objekts konzentrieren oder auf einen Gegenstand, der das Objekt ersetzt, wie zum Beispiel ein Gegenstand, der der Person gehörte, dem sie besondere Aufmerksamkeit widmete oder der ihr viel wert war. Wenn dies nicht der Fall ist, ist die übriggebliebene Aura des Gegenstands zu schwach zum Auspendeln.

Vergessen Sie nicht, daß Sie sich, wenn Sie sich auf die verschiedenen Wellenlängen einstellen, stets aufs neue von einem neutralen, objektiven Zustand ausgehen müssen. Zwischen den verschiedenen Kontakten schalten Sie Ihren Geist in den Leerlauf, machen Sie, wenn nötig, eine kurze Pause. Sie können auch kurz Ihre Hände waschen oder frische Luft schnappen, damit Sie sich von der gesammelten Energie befreien.

Welche Fragen kann ich dem Pendel stellen?

Sie können dem Pendel vielerlei Fragen zu allen möglichen Themen stellen. Es ist jedoch wichtig, daß Sie einige Grundregeln berücksichtigen. Es ist vor allem von der Formulierung Ihrer Frage abhängig, ob sie beantwortet werden kann. Beachten Sie darum die folgenden Regeln:

Grundregeln

- Formulieren Sie Ihre Frage so deutlich wie möglich: Einfach, kurz und direkt, also *nicht:* "Könnte es vielleicht sein, daß mir diese Entscheidung nützt?", sondern: "Nützt mir diese Entscheidung?"
- Stellen Sie *nicht zwei Fragen in einem Satz,* etwa wie: "Ist es morgen sonnig oder bewölkt?"

- Stellen Sie die Frage stets *positiv*, zum Beispiel: "Ist dies (diese Entscheidung) gut? statt: "Ist diese Entscheidung schlecht?"
- Fragen Sie *nie* nach Ihnen *schon bekannten* Antworten, nur wenn Sie noch üben und Ihren individuellen Code feststellen wollen, darf eine Ausnahme gemacht werden.
- Fragen Sie *nie* aus *Neugier*, sondern nur aus aufrechtem Interesse.
- Fragen Sie *nie* nach Antworten, mit denen Sie andere (absichtlich oder versehentlich) *verletzen* oder *benachteiligen* könnten.
- Fragen Sie *nie* nach dem *Warum*, sondern stellen Sie die Frage so, daß die Antwort ("Ja" oder "Nein" oder eine Antwortmöglichkeit der Pendeltafel) Ihnen den Weg weist.
- Erfragen Sie *nie* das Ergebnis von *Wetten* oder *Glücksspielen.*
- Seien Sie sich davon bewußt, daß es *sehr schwierig* ist, für *sich selbst* zu pendeln, da es fast unmöglich ist, vom eigenen "Ich" genügend Abstand zu halten.

Achten Sie darum darauf, daß Sie Ihre Frage richtig stellen. Wenn Sie sich nicht an diese Grundregeln halten, bekommen Sie keine verläßliche Antwort auf Ihre Frage. Wenn zum Beispiel mehrere Faktoren eine Rolle spielen, ist Ihre Frage zu komplex, um auf einmal beantwortet zu werden oder wenn die Intention, die dahintersteckt, sich nicht dazu eignet, in korrekter Weise mit dem Pendel zu arbeiten.

Die folgenden Fragen oder Formulieren sollten darum vermieden werden:

Falsche Fragen oder Formulierungen

- Komplizierte, kombinierte Fragen wie: "Muß ich meine Jacke oder meinen Regenschirm mitnehmen, falls es später regnen sollte?"
- Fragen, die aus einer negativen Emotion oder Intention heraus gestellt werden, wie Eifersucht, Wut usw.
- Fragen, die auf unfreiwilliges "Abluchsen" von Information hinauslaufen (aus Neugier).
- Undeutliche Fragen oder Fragen, die mehrere Interpretationen zulassen.
- Fragen, deren Antworten schon vorher bekannt sind.
- Fragen, die andere verletzen oder anderen Schaden zufügen können, zum Beispiel: "Hat die nette Frau X die Anlage, die schreckliche Krankheit Y zu bekommen?"

Es gibt keine festen Regeln, zu welchem Thema das Pendel befragt werden darf; es hängt davon ab, wie Sie selbst die Frage formulieren und mit welcher Intention Sie sie stellen. Sie können zum Beispiel sehr gut Fragen zu persönlichen (charakterlichen) Angelegenheiten stellen, (bisher unbekannte) Ursachen einer lästigen Erkrankung ergründen oder ganz einfach die richtige Wahl aus verschiedenen Möglichkeiten treffen.

Die nachfolgenden Bereiche bieten genügend Möglichkeiten zum Pendeln:

Geeignete Bereiche und Themen, mit denen gearbeitet werden kann

- Ursachen von Leiden oder Krankheiten
- Blockaden von Chakren oder Meridianen
- Personen und Beziehungen zu anderen, Talente, Eigenschaften usw.
- Pflanzen, Mineralien usw., z.B.: Paßt diese Person/dieser Edelstein/diese Pflanze oder dieses alternative Heilverfahren usw. zu mir?
- Richtige Ernährung oder richtige Ernährungsweise
- Berufsorientierung (was sind meine Ambitionen oder Talente?)
- Anwendung und Dosierung alternativer Heilmittel (hierzu sollten Sie grundsätzlich Ihren Arzt oder Heilpraktiker befragen)
- Selbsterkenntnis (soziales Verhalten, Talente usw.)
- Beziehungen zu anderen (Privatbereich oder beruflich)
- Zusammenhänge mit anderen esoterischen Bereichen (wie Astrologie und Tarot)
- Umgebung (was beeinflußt mich gut/schlecht?)

Es gibt natürlich auch Bereiche, die sich nicht oder kaum für die Arbeit mit dem Pendel eignen. Dies sind vor allem Bereiche, denen eine (esoterische) Theorie zu Grunde liegt, die sich zum Beispiel auf eine Berechnung, auf ein traditionelles System, eine bestimmte (esoterische) Technik oder eine traditionelle Lehre gründet. Beispiele hierfür sind:

- Astrologie
- Tarot
- I Ging
- Ayurveda
- Reiki
- Auralesen usw.

Dennoch enthält dieses Buch einige Pendeltafeln zu mehreren Bereichen, die zum Pendeln normalerweise weniger geeignet sind. Sie wurden einbezogen, um zu zeigen, daß der Ansatzpunkt der Eignung eines Themas oder Bereichs entscheidend sein kann.

Wenn zum Beispiel nähere Angaben für astrologische Berechnungen fehlen, ist es sehr gut möglich, bestimmte Informationen mit Hilfe des Pendels zu ergänzen.

Oder wenn zum Beispiel eine kombinierte Arbeitsweise auf der Grundlage von Intuition oder "unbewußter Präferenz" vorliegt; ein Beispiel hierfür ist das Ziehen einer Tarotkarte zum Kartenlegen. In diesem Buch sind darum auch einige Pendeltafeln zu diesen Themen enthalten.

Störfaktoren bei der Arbeit mit dem Pendel

Eine andere sehr wichtige, eigentlich unentbehrliche Art der Vorbereitung auf die Arbeit mit dem Pendel ist das Berücksichtigen der *Umstände*, in denen das Pendel funktionieren muß. Beispielsweise sollten Störfaktoren so viel wie möglich ausgeschlossen werden, hierzu muß man die Beschaffenheit und den Einfluß dieser Störfaktoren ergründen.

Zum Pendeln ist eine gute *Leitfähigkeit* die wichtigste Voraussetzung. Das bedeutet, daß nicht nur das Material des Pendels, sondern auch der Ort, an dem mit dem Pendel gearbeitet wird, erstens eine gute Leitfähigkeit haben und zweitens die gesamte uns umringende Strahlung durchlassen muß.

Falls beim Bau des Zimmers, in dem wir pendeln, viel *Isoliermaterial* verarbeitet wurde, kann dies ein optimales Pendelresultat negativ beeinflussen. Wenn jedoch hauptsächlich *natürliche* Baustoffe verarbeitet wurden, die die Energie gut leiten, beeinflußt das uns umringende Material das Resultat nicht.

Dies gilt auch für das Zimmer, in dem wir arbeiten, genauer gesagt: Für den Arbeitstisch, an dem wir arbeiten und den Stuhl, auf dem wir sitzen. Sehr gute Leiter sind hölzerne Tische und Stühle, die Tischplatte und die Sitzfläche sollten aus natürlichem Material sein. Räumen Sie vor der Arbeit mit dem Pendel metallene Gegenstände vom Arbeitstisch und meiden Sie Kunststoff, wie zum Beispiel Plastik, in Ihrer unmittelbaren Umgebung.

Räumen Sie alle überflüssigen Gegenstände vom Arbeitstisch; legen Sie nur die Gegenstände auf den Tisch, mit denen Sie arbeiten wollen, wie die Pendeltafel, das Objekt, das ausgependelt werden soll und, wenn Sie wollen, Ihre Lieblingstischdecke (Sie können jedoch auch an einem "ungedeckten" Tisch arbeiten).

Auch Ihre *Haltung* ist wichtig: Sie sollten grundsätzlich gerade an dem Tisch, an dem Sie arbeiten wollen, sitzen, die Füße ruhen nebeneinander im Abstand von etwa 10 cm flach auf dem Boden, die Zehen zeigen nach vorne. Auf diese Weise sind Sie nicht nur gut "geerdet", Sie können diese stabile und entspannte Sitzhaltung auch eine Zeitlang aushalten. Sie haben Ihre Aufmerksamkeit nämlich hundertprozentig nötig, um sich auf das Pendel zu konzentrieren!

Achten Sie darauf, wo Sie Ihre "freie" Hand lassen (die Hand, die das Pendel nicht festhält). Lassen Sie diese Hand - die Handfläche zeigt nach oben - auf dem Tisch oder in Ihrem Schoß ruhen, damit sie die Pendelschwingung nicht beeinflußt, zudem unterbindet diese Haltung, daß Sie an Gegenständen (auf dem Tisch) "herumfingern". Dies sind nämlich störende Einflüsse.

Manche Menschen schwören darauf, die freie Hand auf den Rücken zu legen, um somit jegliche Beeinflussung auszuschließen. Die Haltung, in der Sie am wenigsten darüber nachdenken, was Sie mit Ihrer freien Hand tun oder wo Sie sie lassen müssen, ist die beste Haltung.

Achten Sie auch auf den *Schmuck*, den Sie tragen, er befindet sich nämlich ebenfalls in unmittelbarer Nähe des Pendels! Besser noch: Tragen Sie keinen Schmuck (auch keine Armbanduhr), wenn Sie mit dem Pendel arbeiten.

Tragen Sie *keine Kleidung aus Chemiefasern*, sie beeinflussen die Pendelschwingung, da Ihr elektromagnetisches Feld sowie Ihre eigene, Sie umringende "kosmische" Strahlung durch das Tragen dieser Kleidung, wenn auch geringfügig, verändert wird.

Auch *Schuhe*, vor allem Schuhsohlen, können auf die uns umringende Strahlung stark isolierend wirken. Wenn Sie merken, daß das Pendel schlecht oder unzureichend reagiert, könnte es helfen, wenn Sie die Schuhe ausziehen, der Unterschied sollte sofort spürbar sein.

Schalten Sie Apparate, die elektromagnetische Strahlung aussenden, wie Ihren *Computer* oder Ihr *Fernsehgerät*, aus; der "Standby"-Schalter der Geräte sollte ebenfalls ausgeschaltet sein, um so viel Strahlung wie möglich zu vermeiden.

Wenn Sie sich an sehr "strenge" Regeln halten und sich gegen alle denkbaren Störfaktoren abschirmen wollen, können Sie die Tisch- und Stuhlbeine isolieren, indem Sie sie auf Glas (oder in Gläser) stellen und die Oberseite der Tischplatte mit einer Glasplatte, Gummi oder Linoleum isolieren. Dadurch ist die Pendeltafel, das Material oder das Objekt, das Sie auspendeln wollen, optimal gegen erdmagnetische Strahlung isoliert.

Außer diesen Gegenständen gibt es natürlich allerlei andere Störfaktoren, die die Pendelschwingung beeinflussen, so daß sie nicht mehr objektiv ist oder nahezu ausbleibt.

Es ist auch wichtig, eine ruhige Umgebung zu schaffen, in der alle überflüssigen Gegenstände, Geräusche oder Gedanken vermieden werden. Schaffen Sie einen festen Platz zum Pendeln, zum Beispiel eine speziell hierfür eingerichtete Ecke im ruhigsten Zimmer der Wohnung, oder im Zimmer, in dem Sie sich am wohlsten fühlen (siehe Abschnitt: Das Einrichten eines Pendelzimmers).

Falls es Sie inspiriert, können Sie leise Musik hören, wenn Sie jedoch noch ein Anfänger sind, lenkt Musik eher ab, als daß sie die Konzentration fördert.

Vermeiden Sie es, während der Arbeit mit dem Pendel Zigaretten zu rauchen, Alkohol zu trinken oder andere Genußmittel zu nehmen, die Ihre Stimmung beeinflussen könnten. Wenn Sie nicht völlig nüchtern sind und Ihr Geist nicht völlig neutral ist, wird das Pendelergebnis unmittelbar beeinflußt und das Bild "trübt sich", so daß die Pendelschwingung nicht mehr objektiv und somit unbrauchbar ist.

Manchmal geschieht es, daß Sie, obwohl Sie sich so gut wie möglich vorbereitet und alle denkbaren Störfaktoren beseitigt haben, merken, daß sich die Pendelschwingung nicht "gut" anfühlt oder von einem unbekannten Faktor beeinflußt wird. Schenken Sie dem Pendelergebnis, das unter diesen Umständen zustande gekommen ist, keine Beachtung und machen Sie später einen neuen Versuch, denn meistens sind diese Störfaktoren dann nicht mehr "aktiv".

Es ist auch möglich, daß Sie ein Objekt nicht mit dem geeigneten Pendel ausgependelt haben. Nehmen Sie ein anderes Pendel und beginnen Sie noch einmal.

Kurzum, bei der Arbeit mit dem Pendel müssen wir verschiedene Arten von Störfaktoren berücksichtigen, die das Pendelergebnis beeinflussen können:

- Störfaktoren des *Pendels:* Material, Leitfähigkeit usw.
- Störfaktoren der *Umgebung:* Isoliermaterial, umringende Gegenstände usw.
- Störfaktoren des *Pendelobjekts:* Material, Wechselwirkung mit dem Pendel usw.
- Störfaktoren des *Pendlers:* Unerfahrenheit, kein Kontakt zum Pendel oder zum Pendelobjekt, falsche Intention usw.

Das Einrichten eines Pendelzimmers

Eine eigene "Pendelecke" einrichten

Wenn Sie oft mit dem Pendel arbeiten oder arbeiten wollen, kann es sehr angenehm sein, ein speziell für diesem Zweck eingerichtetes Zimmer zu haben. Dieses Zimmer braucht nicht groß zu sein, eine "Ecke" genügt. Hier können Sie die Atmosphäre schaffen, die Ihnen wichtig ist. Sie können diese "Pendelecke" zum Beispiel im angenehmsten oder ruhigsten Zimmer der Wohnung einrichten.

Richten Sie dieses Zimmer mit einem (hölzernen) Tisch ein, mit wenigstens zwei Stühlen und einem Schränkchen, in dem Sie Zubehör aufbewahren können. Eine solche Ecke braucht nicht unbedingt am Fenster zu sein, wichtig ist, daß störende Einflüsse ausgeschlossen sind.

Verwenden Sie vorzugsweise natürliche Materialien und meiden Sie elektronische Apparate in Ihrer unmittelbaren Nähe. Falls Sie es angenehm finden, können Sie eine (immergrüne) Pflanze in der Nähe aufstellen. Halten Sie dieses Zimmer soviel wie möglich von Material aus Kunststoff frei. Legen Sie zum Beispiel Binsenmatten oder einen Wollteppich auf den Fußboden. Meiden Sie auch Sonnenschutz aus Kunststoff oder Metall in der Nähe, er wirkt wie ein "Schirm". Schaffen Sie Ihre eigene Pendelecke, in der Sie sich konzentrieren und zurückziehen können.

Was können Sie hier aufbewahren?
In diesem Zimmer, das Sie nach eigenem Geschmack einrichten, können Sie auch spezielle Ablagemöglichkeiten für Ihre Pendel und Materialien, mit denen Sie arbeiten, sowie für Pendeltafeln und Isoliermaterial schaffen. Auf diese Weise werden sie sicher aufbewahrt und sind keinerlei Vernachlässigung ausgesetzt (Staub, übermäßiges Sonnenlicht usw.).

Richten Sie zum Beispiel einen kleinen Schrank ein, in dem Sie sowohl Bücher zum Thema, als auch einige kleinere Gegenstände aufheben können. Ein Schrank mit zwei Einlegeböden (und verschließbaren Türen) für Bücher und große Gegenstände, und vier Schubladen für die Pendel und kleinere Gegenstände ist ein guter Anfang, denn Sie haben noch Platz für eventuelle zusätzliche Materialien und "Instrumente". Hier können Sie auch Ihre Pendelausrüstung, Ihr Pendeltagebuch oder Ihr Pendellogbuch (siehe nächsten Abschnitt) aufheben.

Kurzum, schaffen Sie eine Ecke mit der richtigen Ausstrahlung und dem richtigen Zubehör, in der Sie nichts daran hindert, ein optimales Pendelresultat zu erzielen.

Die persönliche Pendelausrüstung

Unmittelbar nach Ihren ersten Versuchen mit dem Pendel können Sie Ihre persönliche Pendelausrüstung zusammenstellen. Nehmen Sie zu diesem Zweck eine (hölzerne) Schachtel oder Kiste, die groß genug für kleine Utensilien oder Materialien ist. Das Format eines "Nähkastens" oder ähnliches ist ausreichend. In dieser "Kiste" können Sie allerlei Utensilien aufbewahren, die Sie bei der Arbeit mit dem Pendel nötig haben:

- Diverse Pendel (getrennt in Beuteln!)
- Diverse Fäden (Baumwolle, Flachs, Wolle usw.)
- Diverse Ketten und Kettenglieder (Silber, Gold usw.)
- Kleine Zange
- Baumwolltuch (minimal 30 x 30 cm) für die Reinigung der Pendel aus Messing und (Edel-) Metall
- Fläschchen mit reinem* Wasser zur Reinigung von Pendeln aus Kristall und (Edel-) Steinen

(von negativen Einflüssen gereinigt und durch (visuelle) Meditation, Pendeln usw. positiv beeinflußt.)*

Sie können bei Ihrer persönlichen Pendelausrüstung auch ein Notizbuch aufbewahren, in dem Sie Ihre Befunde zur Arbeit mit dem Pendel aufschreiben. Sie können diese "Logbuch" zu einem ausführlichen "Pendeltagebuch" erweitern, wenn Sie auch Zeichnungen Ihres individuellen Pendelcodes, eigene Pendeltafeln und persönliche Erfahrungen und Interpretationen hinzufügen.

Das kann sehr nützlich sein, da Ihre persönliche Erfahrung möglicherweise von der Information in der sogenannten "Pendelliteratur" - wie dieses Buch - abweicht. Wenn Sie Ihr Pendeltagebuch sorgfältig führen, wird es sich zu Ihrem persönlichen Pendelarbeitsbuch entwickeln!

Aufbewahrung, Reinigung und Aufladen des Pendels

Jeder Gegenstand, der oft oder intensiv gebraucht wird, sollte regelmäßig gereinigt werden. Es gibt verschiedene Methoden, welche angewendet wird, ist vom Material des Pendels und von der Intensität der Arbeit mit dem Pendel abhängig. Hier unterscheiden wir Pendel aus Kristall und (Edel-) Stein, sowie Pendel aus (Edel-) Metall oder einer Legierung.

Pendel aus Kristall oder (Edel-) Stein

Pendel aus einem natürlichen oder porösem Material haben eine sorgfältige Behandlung nötig. Darum dürfen Sie auch kein Leitungswasser oder - noch schädlicher - Salzwasser zur Reinigung der Pendel verwenden, da es Stoffe enthalten kann, die in den Stein oder in das Kristall ziehen, wodurch sich nicht nur die "kosmische" Aura verändert, sondern auch Ihr Pendel schwer beschädigt werden kann! Die Einwirkung von Salz kann zum Beispiel zur Folge haben, daß Ihr Pendel nach einiger Zeit zerbricht. Ihr Pendel kann sich überdies unschön verfärben, so daß Sie sich, falls Sie mit Farben arbeiten, auf die Suche nach einem neuen Pendel in der ursprünglichen Farbe machen müssen.

Verwenden Sie darum grundsätzlich sauberes (destilliertes) Wasser, das von allen negativen "kosmischen Einflüssen" gereinigt ist. Sie können das Wasser problemlos selber reinigen, zum Beispiel durch (visuelle) Meditation, Auspendeln (mit einem Pendel aus Messing oder Kupfer) oder indem Sie die Flasche etwa eine Minute mit beiden Händen umfassen.

Spülen Sie das Pendel vorsichtig ab und legen Sie es zum Trocknen an einen dunklen Ort. Legen Sie das Pendel nicht in die Sonne, auch das kann bleibende Veränderungen oder Beschädigungen zur Folge haben. Legen Sie ein kugelförmig geschliffenes oder gegossenes Pendel aus (Blei-) Kristall niemals in die Sonne, da ein solches Pendel wie ein Brennglas wirken und einen Brand auslösen kann!

Geschliffene oder polierte Pendel sind etwas weniger empfindlich, da sie meistens weniger porös sind. Hier gilt jedoch ebenfalls: Ziehen Sie das Sichere dem Unsicheren vor und behandeln Sie Ihre Pendel respektvoll und vorsichtig.

Wenn Ihr Pendel gründlich gereinigt ist und 24 Stunden geruht hat, ist es wieder aufgeladen und gebrauchsfertig. Wenn Ihr Pendel sehr "erschöpft" ist, können Sie es auch länger als einen Tag ruhen lassen, eine Woche sollte jedoch genügen.

Pendel aus anderem natürlichen, porösen Material, wie Holz usw., sollten Sie nicht naß machen. Wasser oder Feuchtigkeit könnte die natürliche Struktur beschädigen, wodurch das Pendel zur Arbeit weniger gut geeignet ist. Legen Sie Pendel aus einem derartigen natürlichen Material niemals in die Sonne, auch übermäßiges Sonnenlicht oder zu viel Wärme können das Pendel beschädigen. Reinigen Sie diese empfindlichen Pendel so wenig wie möglich, die beste Methode ist das Umfassen des Pendels mit beiden Händen, damit die negative Energie durch Ihren Körper wegfließen kann. Lassen Sie das Pendel nach der Reinigung etwa zwei Tage ruhen und verwenden Sie es nur für sehr "subtile" Fragen.

Pendel aus (Edel-) Metall

Pendel aus (Edel-) Metall können viel vertragen. Die Ursache einer Verschmutzung ist vor allem eine Störung der "kosmischen Energie" des Pendels durch Strahlung, wie zum Beispiel elektromagnetische Strahlung oder andere sehr starke Energien.

Um Pendel aus diesem Material zu reinigen, hat man kein Wasser nötig, eigentlich lieber nicht! In manchen Fällen kann Wasser nämlich Oxidation zur Folge haben.

Da diese Pendel kaum oder nicht porös sind, genügt es, sie gut mit einem Baumwolltuch abzureiben, wodurch die meiste Verschmutzung entfernt wird. Falls die "kosmische Energie" des Pendels stark gestört ist, kann es mit einem Pendel aus Kristall oder (Edel-) Stein gereinigt werden.

Legen Sie das verschmutzte Pendel auf den Arbeitstisch und halten Sie das Pendel aus Kristall oder (Edel-) Stein etwa 10 Minuten darüber. Die gestörte Energie wird jetzt "von selbst" neutralisiert, danach kann das Pendel sofort wieder verwendet werden. Pendel aus (Edel-) Metall oder Legierungen brauchen also nicht 24 Stunden zu ruhen!

Legen Sie auch Pendel aus (Edel-) Metall oder aus einer Legierung lieber nicht in die Sonne oder an einen anderen warmen Ort (in die Nähe der Heizung). Bewahren Sie sie auf keinen Fall in der Nähe einer (elektro-) magnetischen Energiequelle oder anderer starker Strahlung auf. Achten Sie vor allem auf "verborgene" Magnete, die zum Beispiel in Audioapparatur usw. verarbeitet sind.

Sicherheitshalber können Sie die Pendel in einem Behälter aus Holz oder Glas aufbewahren, der sie gegen die meiste schädliche Strahlung schützt.

Legen Sie Pendel aus unterschiedlichem Metall oder aus Legierungen lieber nicht zusammen in den gleichen Behälter, bewahren Sie sie getrennt auf, zum Beispiel jedes in einem Behälter (aus Holz) oder in einem Beutel (aus Baumwolle oder Seide).

Auf diese Weise verhindern Sie, daß sich die Pendel - wenn sie nicht oft gebraucht werden - nach einiger Zeit beeinflussen. Zudem sind sie gegen kleine Beschädigungen, wie Kratzer usw., geschützt.

3. Vorbereitungen auf die Arbeit mit den Pendeltafeln

Bevor Sie mit den Pendeltafeln arbeiten, sind einige Hinweise vorweg nützlich. Diese Hinweise haben vor allem Bezug auf die Pendeltafeln und wie sie gebraucht werden sollten.

Wie ist die Pendeltafel zusammengestellt?

Aus 15 oder 25 Möglichkeiten wählen
In diesem Buch sind zwei Variationen kreisförmiger Pendeltafeln vertreten: Tafeln mit 15 Antwortmöglichkeiten und Tafeln mit 25 Antwortmöglichkeiten. Im Prinzip ist jede Anzahl Antwortmöglichkeiten korrekt, man kann jedoch nicht mit jeder Anzahl gleich gut arbeiten.

In diesem Buch wurden 15 und 25 Kreissegmente gewählt:

a. Weil es ungerade Zahlen sind, die kein verwirrendes Pendelergebnis zur Folge haben können: Das Pendel kann nur eine Antwortmöglichkeit anweisen.
b. Der gewählten Anzahl Kreissegmente liegen die vorgegebenen Antwortmöglichkeiten zugrunde; mit (viel) mehr als 25 Antwortmöglichkeiten auf einer Pendeltafel dieses Formats kann nicht gut gearbeitet werden.

Reihenfolge der Antwortmöglichkeiten
Die Reihenfolge der Antwortmöglichkeiten auf den kreisförmigen Pendeltafeln läuft entgegen der Uhrzeigerrichtung. Dies nur zur Information, es hat keinerlei Einfluß auf die Arbeit mit dem Pendel, sondern erklärt nur, wo die Reihe der Antworten anfängt und wo sie aufhört. Dies erleichtert die Anwendung, denn falls bestimmte Erläuterungen zu den Antworten nicht auf die Pendeltafel passen, finden Sie sie bei der entsprechenden Antwortmöglichkeit gleicher Nummer auf der Seite links neben der Pendeltafel. Auch dies beeinflußt das Pendel nicht, es sucht selbständig seinen Weg.

Da die Pendeltafel kreisförmig ist, braucht sie nicht in einer bestimmten Lage zu liegen, es ist ja unwichtig, ob sie richtig herum oder auf dem Kopf liegt.

Antwortmöglichkeit "nicht auf dieser Tafel"
Jede Pendeltafel enthält die Antwortmöglichkeit "nicht auf dieser Tafel". Dies bedeutet, daß entweder mehrere (unbekannte) Antworten auf die gestellte Frage zutreffen, oder daß eine einzige Antwort nicht möglich ist; in diesem Fall hat sich herausgestellt, daß die Frage nicht relevant war.

Es kann jedoch auch bedeuten, daß der Pendler die nächste Tafel zu dem gleichen Thema befragen kann oder, als letzte Möglichkeit, daß der Pendler selbst eine zusätzliche, ergänzende Tafel zu diesem Thema anfertigen kann.

Indirekte Frage - indirekte Antwort
Es ist auch möglich, daß das Pendel eine indirekte Antwort auf eine Frage gibt, die (noch) nicht gestellt wurde. Vor allem, wenn Heilmittel ausgependelt werden (wie Heilkräuter, ätherische Öle usw.), kann eine unterschwellige Erkrankung entdeckt werden, nach der noch nicht gefragt wurde. Nehmen Sie diese Antwort ernst und kommen Sie später noch einmal darauf zurück.

Leiden und Heilmittel
Sie sollten berücksichtigen, daß für eine richtige Anwendung und Dosierung aller Heilmittel auch ein Arzt und/oder ein anerkannter Heilpraktiker konsultiert werden sollte. Dies ist eine zusätzliche Vorsichtsmaßregel, die nicht außer acht gelassen werden darf. Das Pendel ist zwar ein guter Ratgeber, aber kein Mediziner, der das Ärztegelöbnis abgelegt hat...

Eine zusätzliche Pendeltafel anfertigen

In manchen Fällen stellt sich heraus, daß die vorhandenen Pendeltafeln zu wenig Information enthalten, zum Beispiel, wenn Sie alle Tafeln zu einem Thema befragt und jedesmal die Antwortmöglichkeit "nicht auf dieser Tafel" ausgependelt haben.

In diesem Fall kann eine zusätzliche Pendeltafel helfen. Am Ende dieses Buches finden Sie zwei "blanko" Pendeltafeln, die sie als Vorlage zur Anfertigung einer eigenen Pendeltafel gebrauchen können. Falls Sie mehr oder weniger Antwortmöglichkeiten bevorzugen, können Sie sich selbstverständlich für eine andere Einteilung entscheiden.

Zeichnen Sie einen Kreis und teilen Sie ihn in die gewünschte Anzahl Segmente auf, beachten Sie jedoch, daß hinsichtlich der ausgependelten Antwortmöglichkeit schnell Verwirrung entstehen kann, wenn die Anzahl der Kreissegmente eine gerade Zahl ist. Im Falle einer geraden Zahl sollten Sie mit einer Pendeltafel in Form eines Halbkreises arbeiten, was Verwirrung ausschließt.

Die letzten praktischen Vorbereitungen

Ein gutes Pendelresultat erreicht man, wenn man so wenig wie möglich von Gedanken oder anderen, praktischen Störfaktoren abgelenkt wird. Es hilft, wenn man die letzte Hand an die Vorbereitung legt.

- Legen Sie in aller Ruhe alle Gegenstände, die Sie nötig haben, zurecht. Falls dies viele sind, da Sie zum Beispiel verschiedene Materialien auspendeln oder ziemlich viele Pendeltafeln gebrauchen wollen, legen Sie sie nicht alle auf den Tisch, an dem Sie arbeiten wollen. Sie sollten sie griffbereit in Ihrer Nähe haben, zum Beispiel auf einem Schemel oder Beistelltisch, den Sie neben den Tisch stellen.

- Kontrollieren Sie, ob Sie das richtige Pendel haben, suchen Sie, wenn nötig, mehrere Pendel aus. Legen Sie sie wiederum nicht alle auf den Arbeitstisch, wählen Sie eines aus, die anderen legen Sie, solange Sie sie nicht nötig haben, auf den Beistelltisch.

- Betrachten Sie die Pendeltafeln oder Gegenstände, die Sie auspendeln wollen und entscheiden Sie, ob Sie die richtigen ausgesucht haben oder ob vielleicht noch etwas fehlt. Fehlt eine Pendeltafel? Haben Sie alle Materialien, die Sie gebrauchen wollen?

- Waschen Sie sich jetzt sorgfältig die Hände, denn Sie haben soviele verschiedene Gegenstände und Gedanken in sich aufgenommen, daß Sie gut daran tun, sich erst einmal gründlich zu "reinigen", bevor Sie sich auf die Arbeit mit dem Pendel konzentrieren.

Das Händewaschen ist auch ein hervorragendes Mittel, um zwischendurch die - eventuelle - negative Energie, die sich in Ihrem Körper angehäuft hat, wegfließen zu lassen. Auch das Verwenden natürlicher Materialien, die gute leitende Eigenschaften haben, trägt hierzu bei; Negatives kann in die Erde wegfließen.

- Suchen Sie ein Pendel und eine Pendeltafel aus, wovon Sie denken, daß sie in diesem Moment am geeignetsten sind und legen Sie sie auf den Tisch.

- Setzen Sie sich an den Tisch und nehmen Sie das Pendel in die Hand. Legen Sie die "freie" Hand auf den Tisch oder in den Schoß (Sie können sie auch auf den Rücken legen), Sie sollten vor allem ein komfortables Gefühl haben.

- Atmen Sie einige Male tief und ruhig durch, um Gedanken, die Sie ablenken, aus Ihrem Geist zu vertreiben. Seien Sie empfänglich und abwartend: Sie sind zwar neugierig, in erster Linie sind Sie jedoch neutral. Konzentrieren Sie sich auf das Pendel (treten Sie mit dem Pendel in Kontakt).

- Sie sind empfänglich für alle Information, die Sie durch das Pendel erreichen kann. Sie sind sich darüber im klaren, daß Sie ein "Medium" zwischen der uns umringenden "kosmischen" Strahlung und Energie, sowie dem empfindlichen Meßinstrument, mit dem Sie arbeiten, sind.

- Konzentrieren Sie sich auf die Frage, Ihre Gedanken sind positiv.

- Formulieren Sie Ihre Frage jetzt kurz und bündig, versuchen Sie jede Undeutlichkeit zu vermeiden und lassen Sie das Pendel arbeiten...

- Das Pendel möge Ihnen eine Lebenshilfe sein!

Pendeltafeln

1. Tafel

Ist dies ein guter Zeitpunkt zum Pendeln?

1. ja, sehr gut, denn meine Intuition ist im Moment zu mehr als 75% verläßlich
2. ja, gut, denn meine Intuition ist im Moment zu mehr als 50% verläßlich
3. nein, denn meine Intuition ist im Moment zu weniger als 50% verläßlich
4. ja, sehr gut, denn meine Konzentration ist im Moment optimal
5. ja, denn meine Konzentration ist im Moment gut
6. nein, denn ich kann mich im Moment schlecht konzentrieren
7. nein, denn ich werde im Moment von Faktoren in der Umgebung abgelenkt
8. nein, denn ich werde im Moment von persönlichen Faktoren abgelenkt
9. nein, denn ich kann mich im Moment nicht gut entspannen
10. ja, denn ich fühle mich sehr ausgeruht und bin aufnahmebereit
11. ja, diese Tageszeit ist für mich optimal zum Pendeln
12. nein, ich sollte lieber einen späteren Zeitpunkt abwarten
13. nein, ich sollte lieber erst das erledigen, womit ich beschäftigt war
14. ja, prima, ich kann jederzeit pendeln!
15. nicht auf dieser Tafel

1. Tafel

Ist dies ein guter Zeitpunkt zum Pendeln?

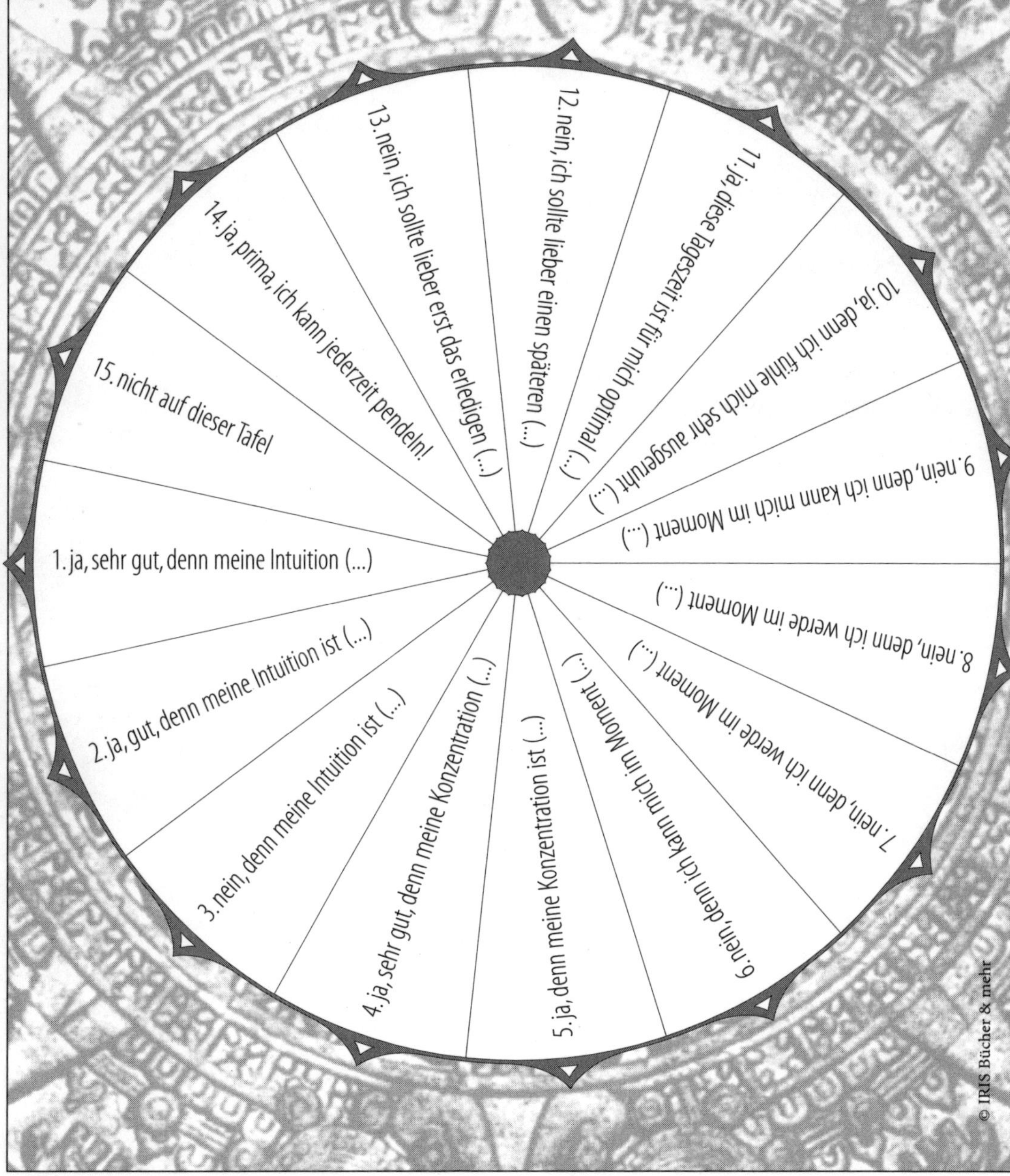

2. Tafel

Welche Diät (oder Ernährung) paßt am besten zu mir?

1. vegetarische Kost
2. Lacto-vegetabile Ernährung
3. streng vegetarische Ernährung
4. Ayurvedische Ernährung
5. Makrobiotik
6. Fit for life-Diät
7. Hypoglycämiediät
8. Entsäuerungstherapie
9. Bircher-Benner-Kost
10. Moerman-Diät
11. Hollywood-Diät
12. Haysche Trennkost
13. Rotationsdiät
14. Sportdiät
15. Brotdiät
16. Fastenkur
17. Gemüsekur
18. weniger Salz
19. weniger Zucker
20. fettarmer
21. weniger Fleisch
22. mehr trinken
23. (mehr) biologische Nahrung/Produkte
24. mehr frisches Gemüse und Obst
25. nicht auf dieser Tafel

2. Tafel

Welche Diät (oder Ernährung) paßt am besten zu mir?

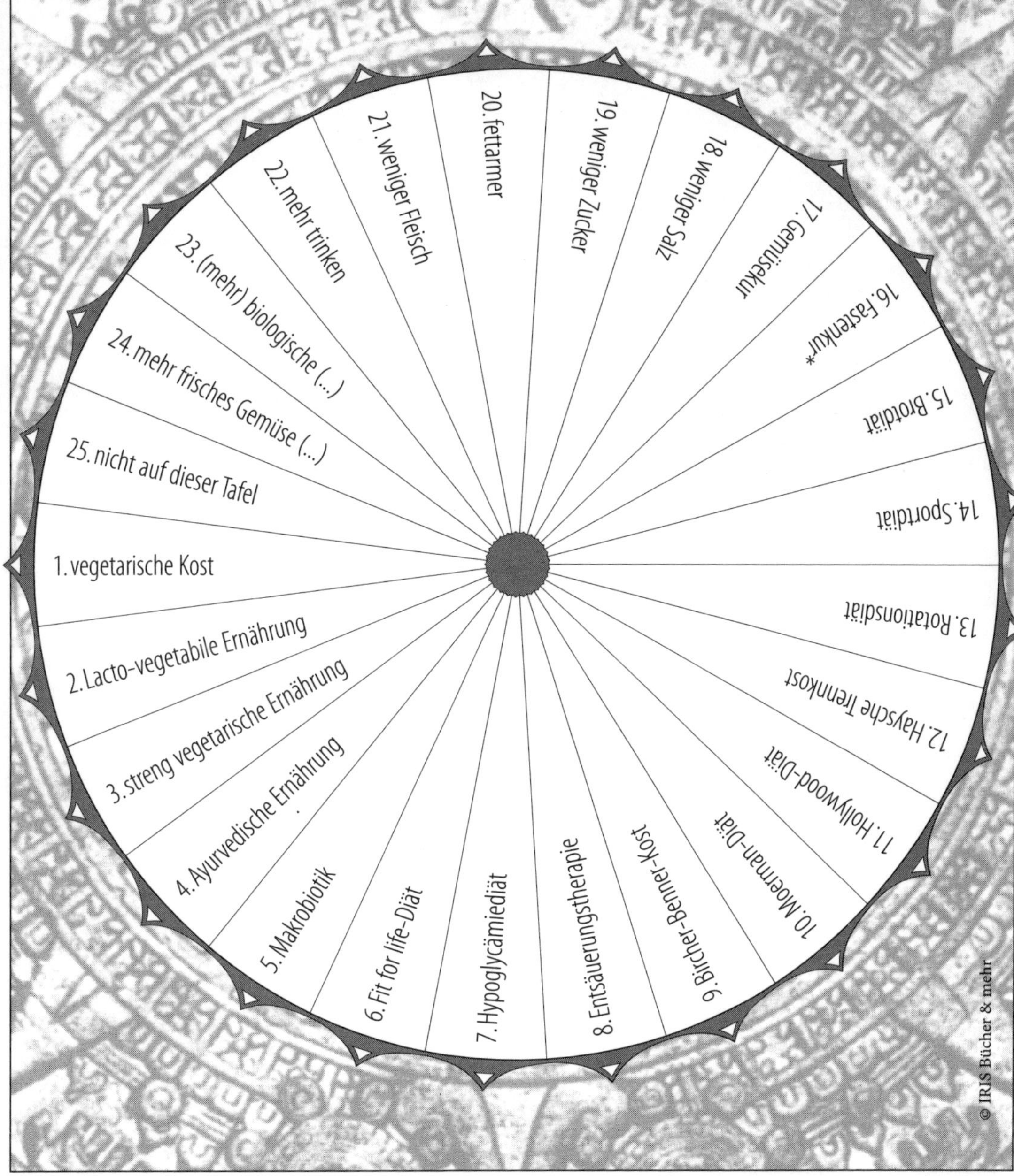

3. Tafel

Auf welche (Lebens-) Gewohnheiten sollte ich mich konzentrieren?

1. ich bekomme zu wenig Nachtruhe
2. ich entspanne mich zu wenig
3. ich betätige mich körperlich zu wenig
4. ich bekomme zu wenig frische Luft
5. ich esse zu wenig nahrhafte Mahlzeiten
6. ich trinke zu viel Kaffee
7. ich nehme zu viel Nikotin zu mir
8. ich trinke zu viel Alkohol
9. ich nehme zu viele Anregungsmittel/Beruhigungsmittel
10. ich esse zu viele salzige/fettreiche Mahlzeiten
11. ich nehme mir zu wenig Zeit für mich selbst
12. ich nehme mir zu wenig Zeit für andere
13. ich fühle mich viel zu verantwortlich für meine Arbeit
14. ich fühle mich viel zu verantwortlich für andere
15. nicht auf dieser Tafel

3. Tafel

Auf welche (Lebens-) Gewohnheiten sollte ich mich konzentrieren?

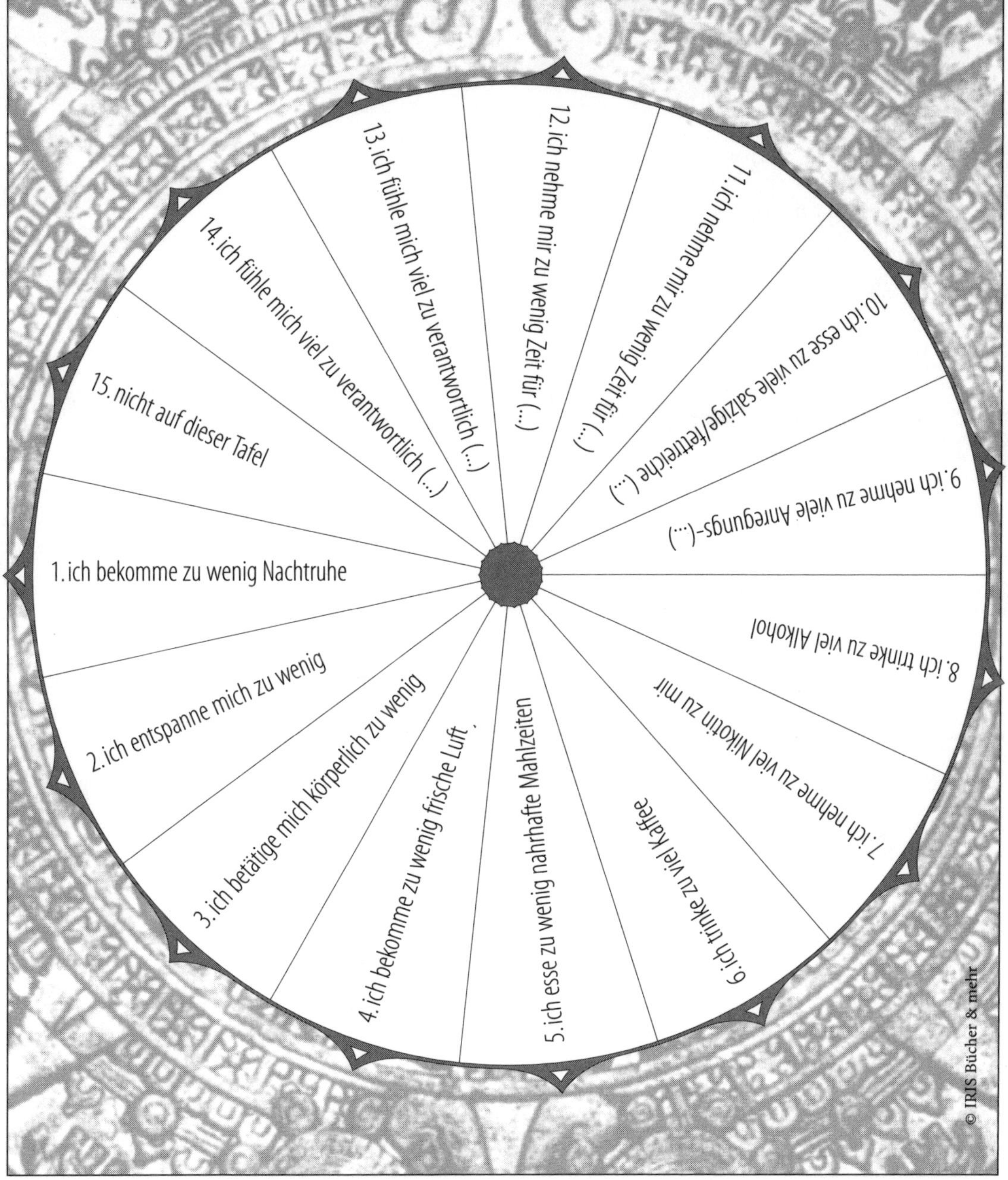

4. Tafel

Auf welche geistige Bereiche sollte ich mich konzentrieren?

1. Gleichgewichtigkeit
2. Entspannung
3. Energie
4. Spiritualität
5. Verflochtenheit
6. (Selbst-) Vertrauen
7. inneres Wachstum
8. intellektueller Anreiz
9. kreativer Anreiz
10. Inspiration
11. Streß
12. Konzentration
13. Aufgewecktheit
14. Selbstbetrachtung
15. Offenheit
16. Flexibilität
17. Begeisterung
18. Disziplin
19. Liebe
20. sich lösen
21. aus Fehlern lernen
22. (Selbst-) Bejahung
23. Motivation
24. Verzeihen
25. nicht auf dieser Tafel

4. Tafel

Auf welche geistige Bereiche sollte ich mich konzentrieren?

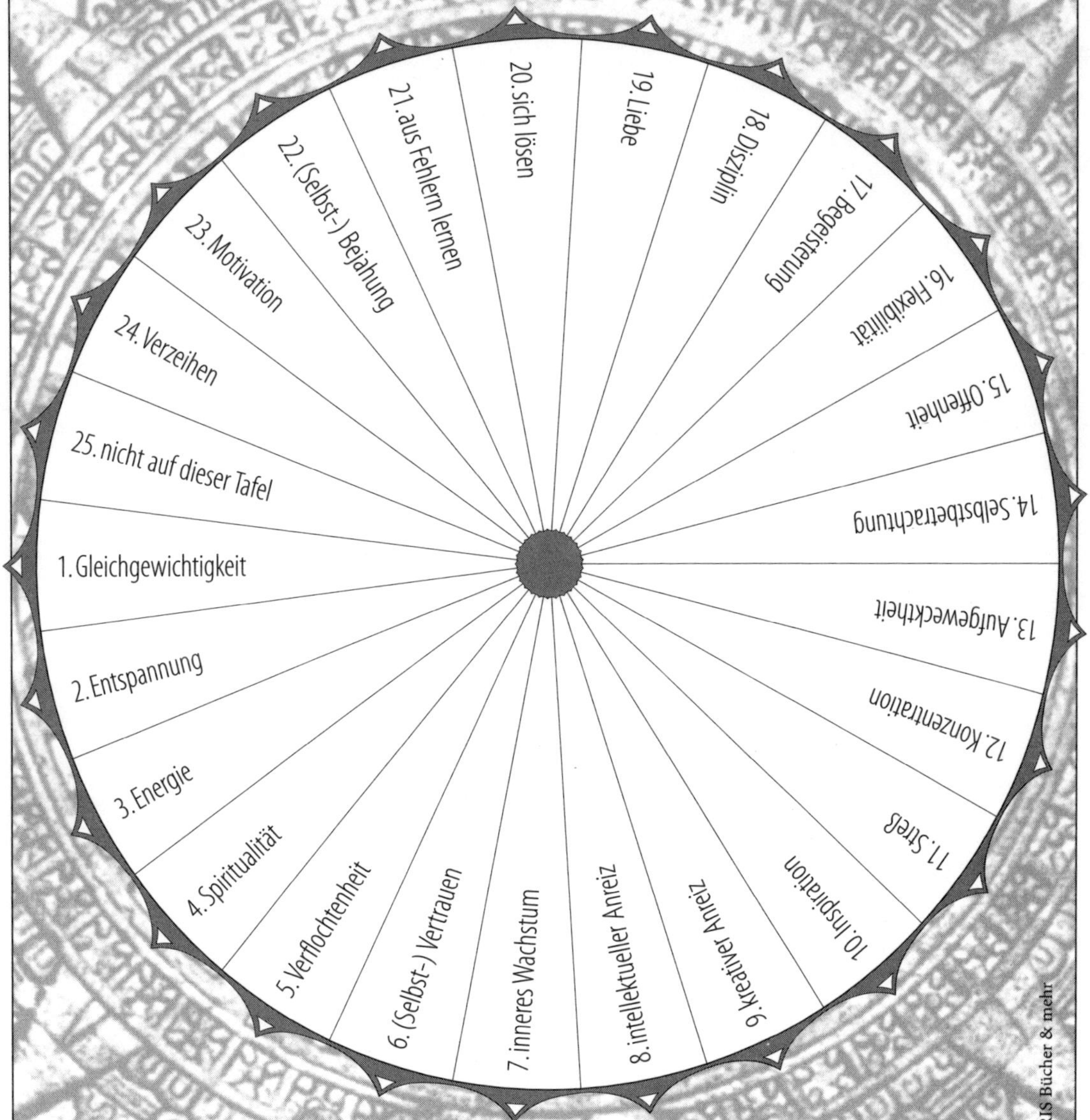

5. Tafel

Auf welche körperliche Bereiche sollte ich mich konzentrieren?

1. Immunsystem
2. Kreislauf
3. Wasserhaushalt
4. Blase und Harnwege
5. Drüsen
6. Skelett
7. Gelenke
8. Nervensystem
9. Haut
10. Haare und Nägel
11. Geschlechtsorgane
12. Verdauung (Verdauungsorgane)
13. Atmung/Luftwege
14. Muskeln und Sehnen
15. Bindegewebe und Knorpel
16. Rückgrat und Halswirbel
17. Sehkraft
18. Tastsinn
19. Geruch
20. Geschmack
21. Gehör
22. Motorik
23. Gebiß
24. Energiehaushalt
25. nicht auf dieser Tafel

5. Tafel

Auf welche körperliche Bereiche sollte ich mich konzentrieren?

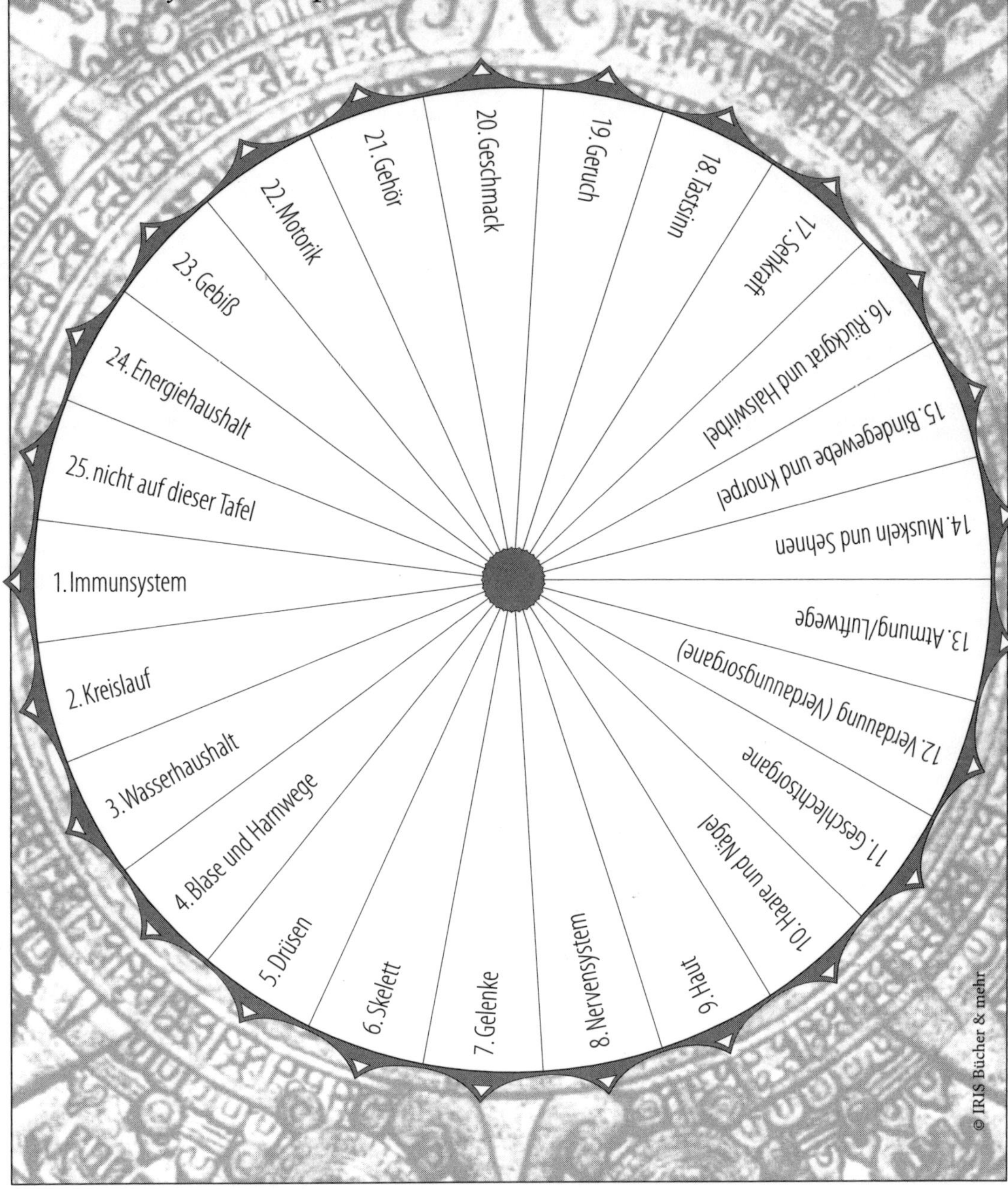

6. Tafel

Welches alternative Heilverfahren sollte ich wählen?

1. Reiki
2. Homöopathie
3. Lichttherapie
4. Klangtherapie
5. Farbtherapie
6. Aromatherapie
7. Bach-Blütentherapie
8. Neurolinguistisches Programmieren (NLP)
9. Kräutertherapie
10. Akupunktur
11. Chakra-Arbeit
12. Meditationstherapie
13. Massage/Berührung
14. Edelsteintherapie
15. nicht auf dieser Tafel

6. Tafel

Welches alternative Heilverfahren sollte ich wählen?

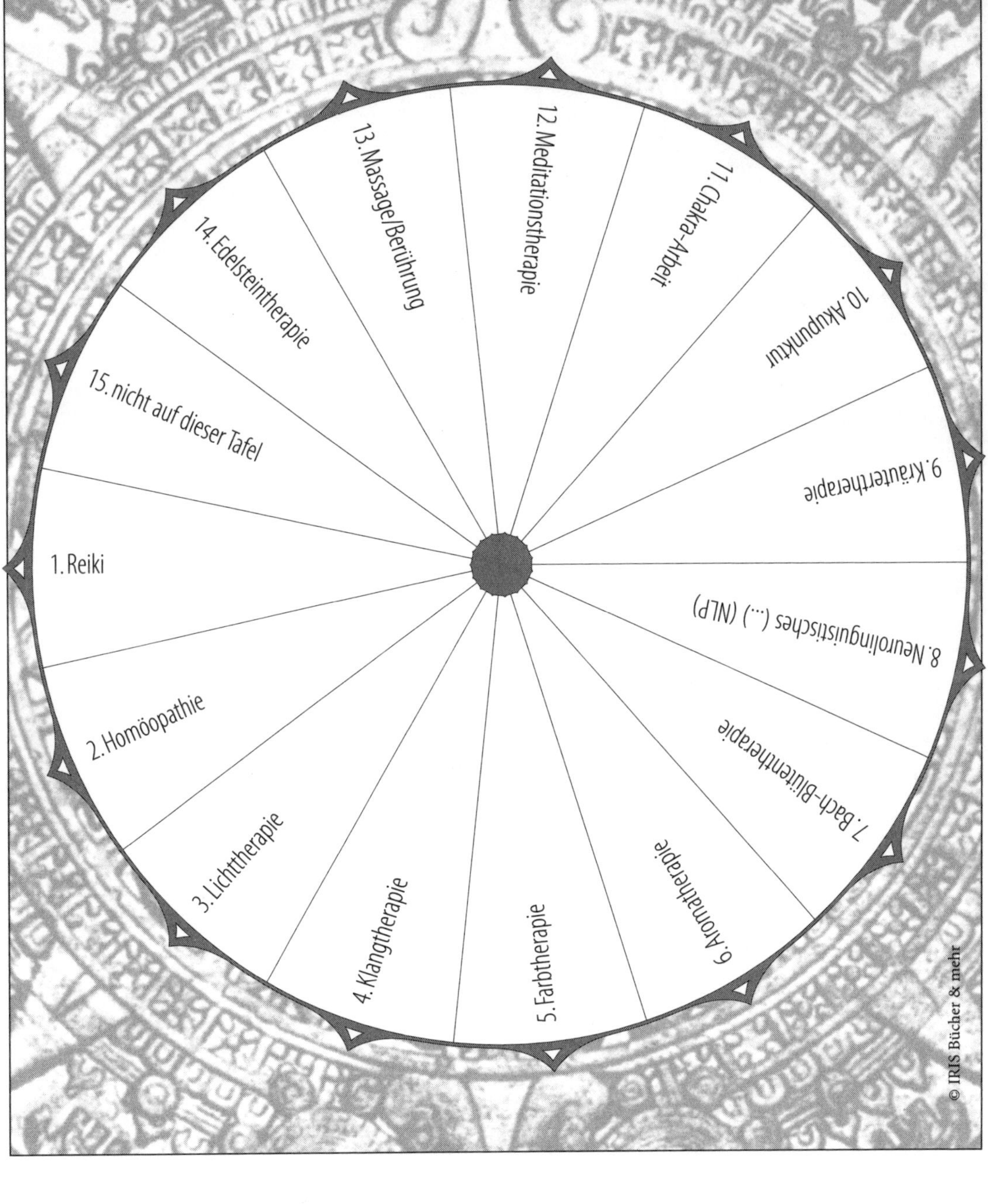

7. Tafel

Welche Richtschnur ist mir - besonders heute - sehr wichtig?

1. Initiative
2. Inspiration
3. Besinnung
4. Freundschaft
5. Zusammenarbeit
6. Erfolg
7. Verständnis
8. Perspektive
9. Gleichgewichtigkeit
10. Humor
11. Spiritualität
12. Liebe
13. Ausdauer
14. (Selbst-) Vertrauen
15. nicht auf dieser Tafel

7. Tafel

Welche Richtschnur ist mir - besonders heute - sehr wichtig?

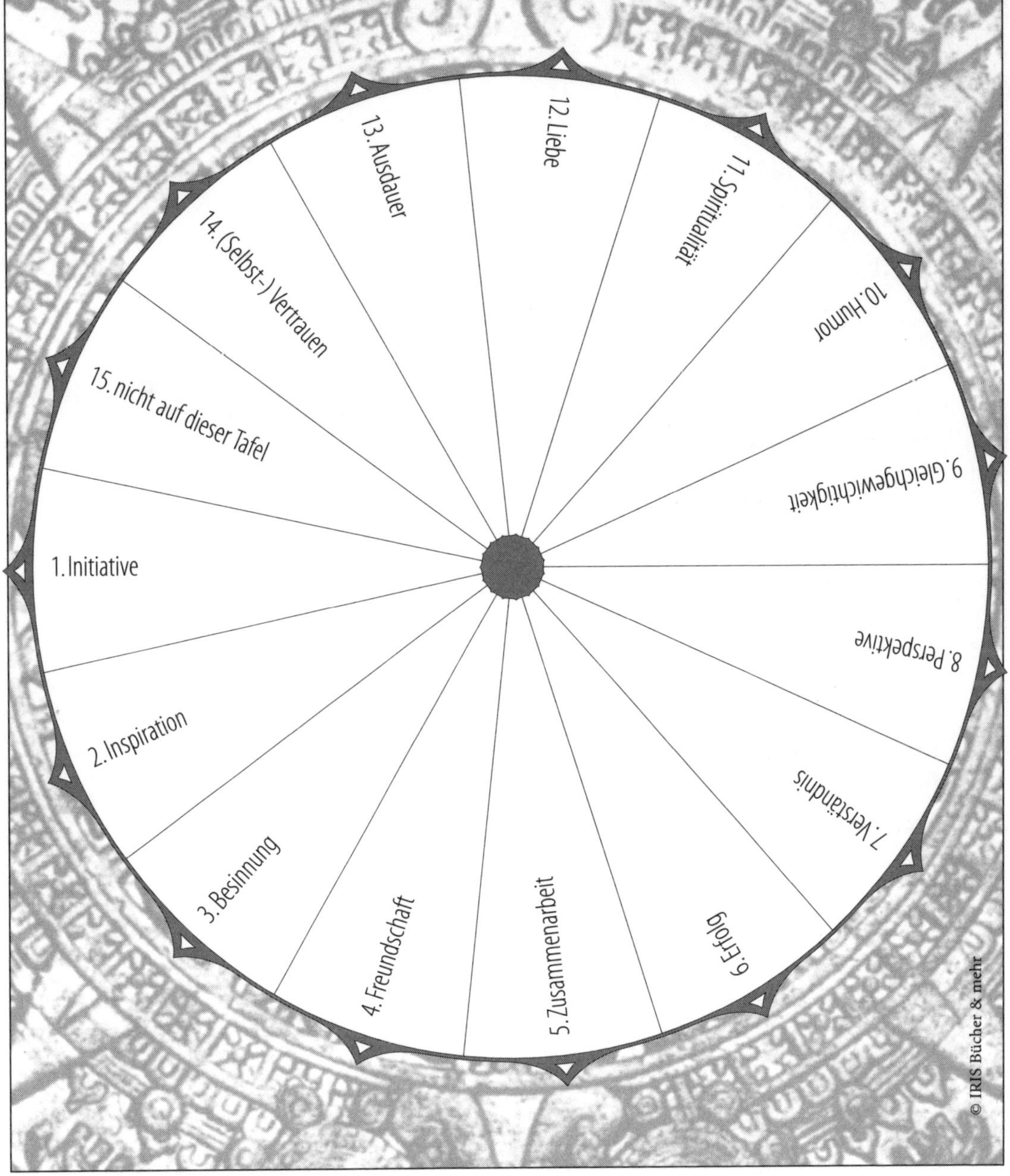

8. Tafel

Welche Aussage hemmt mein inneres Wachstum und meine Spiritualität?

1. das gelingt mir nie
2. ich bekomme zu wenig Anerkennung
3. das lerne ich nie
4. dazu bin ich nicht geeignet
5. ich habe doch keine Chance
6. ich kann das nicht alleine
7. ich kann es nicht beeinflussen
8. ich bekomme nie eine echte Chance
9. ich werde nicht ernst genommen
10. das ist mir nicht vergönnt
11. ich weiß genau was ich tue
12. ich habe niemanden nötig
13. ich kann meinen Mann stehen
14. ich weiß genau was andere denken
15. ich habe alles im Griff
16. ich kann nichts daran ändern
17. das wage ich nie
18. ich kann niemanden ins Vertrauen ziehen
19. das bin ich ihm/ihr schuldig
20. ich habe es mir selbst zu verdanken
21. es ist mir egal
22. dazu bin ich verpflichtet
23. darauf kann ich jederzeit wieder zurückkommen
24. Kritik berührt mich nicht, oder?
25. nicht auf dieser Tafel

8. Tafel

Welche Aussage hemmt mein inneres Wachstum und meine Spiritualität?

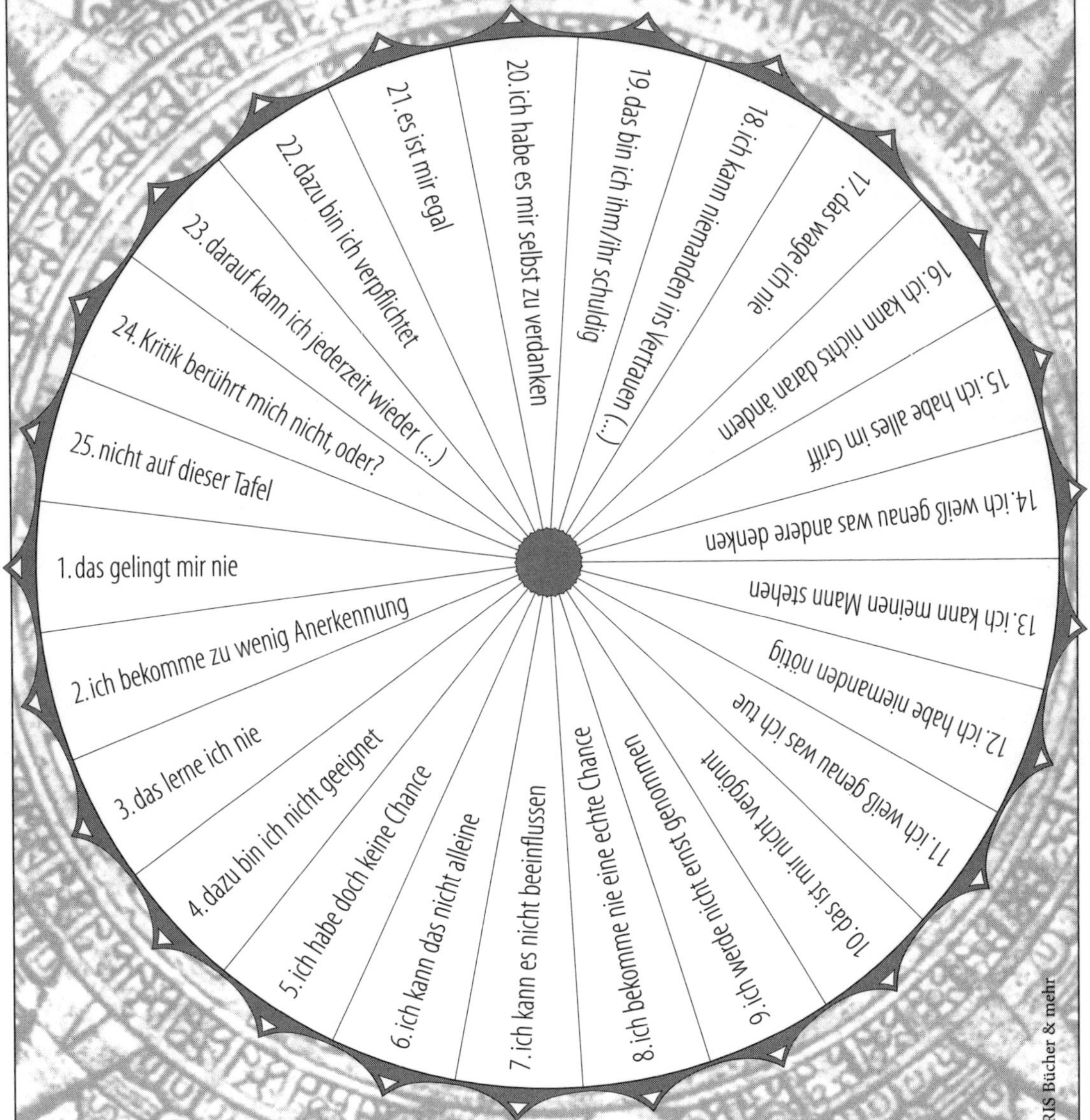

9. Tafel

Welche Charakterisierung paßt am besten zu mir?

1. begeistert
2. verspielt
3. gutgläubig
4. beharrlich
5. ernsthaft
6. philosophisch
7. praktisch
8. energisch
9. neugierig
10. lernwillig
11. träumerisch
12. freigebig
13. herzlich
14. konservativ
15. vorsichtig
16. sensibel
17. vernünftig
18. gute Auffassungsgabe
19. Mitgefühl
20. leidenschaftlich
21. fester Halt
22. emotionell
23. sinnlich
24. stark
25. nicht auf dieser Tafel

9. Tafel

Welche Charakterisierung paßt am besten zu mir?

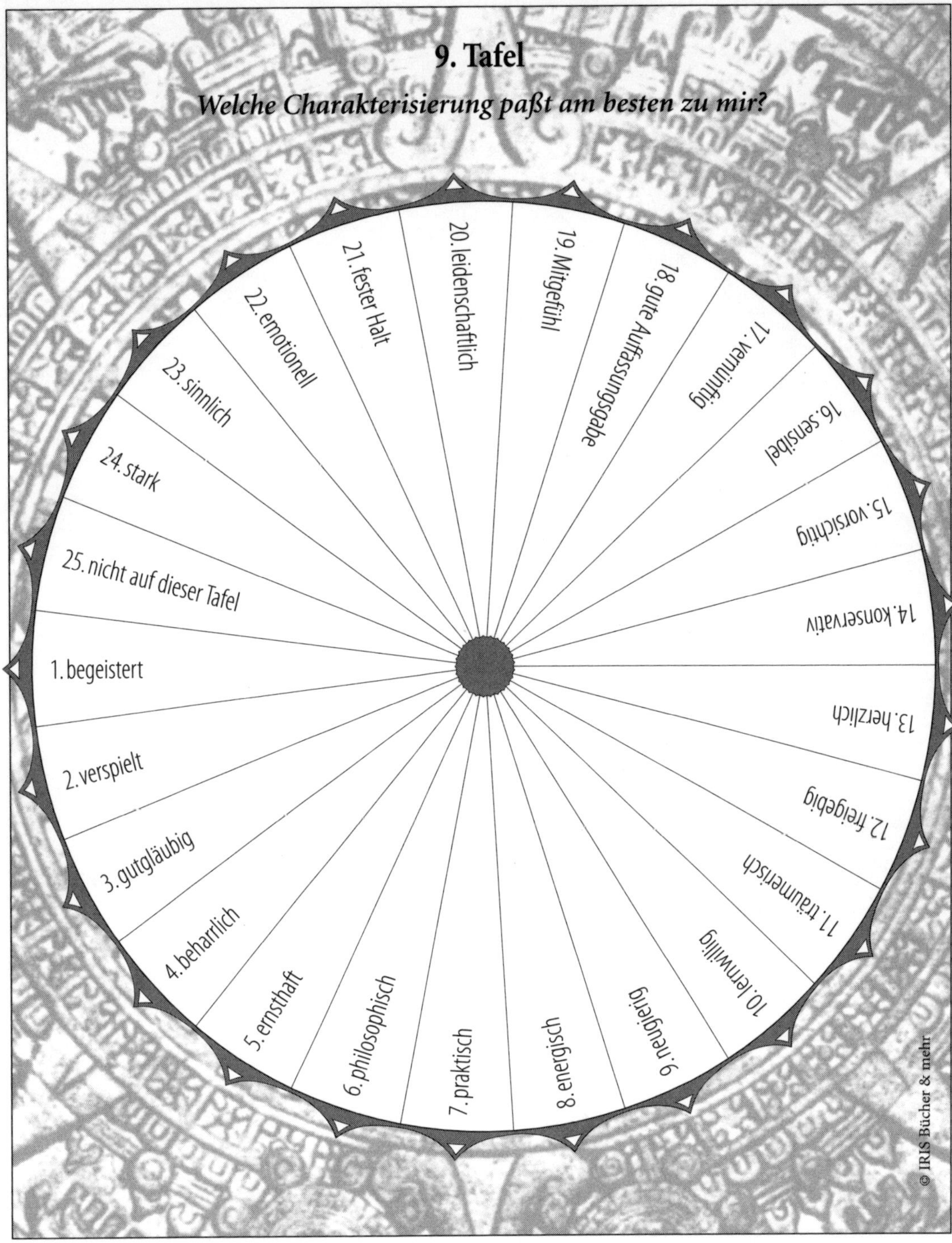

10. Tafel

Welches Talent/welche Eigenschaften besitze ich?

1. kommunikative Eigenschaften
2. Selbständigkeit
3. gute Auffassungsgabe
4. Planung und Organisation
5. Zusammenarbeit
6. Kreativität
7. (wissenschaftliche) Forschung
8. Verantwortlichkeit
9. Effizienz
10. kommerzielle Eigenschaften
11. Redaktion
12. Erziehung
13. streßstabil
14. Information und Public Relations
15. nicht auf dieser Tafel

10. Tafel

Welches Talent/welche Eigenschaften besitze ich?

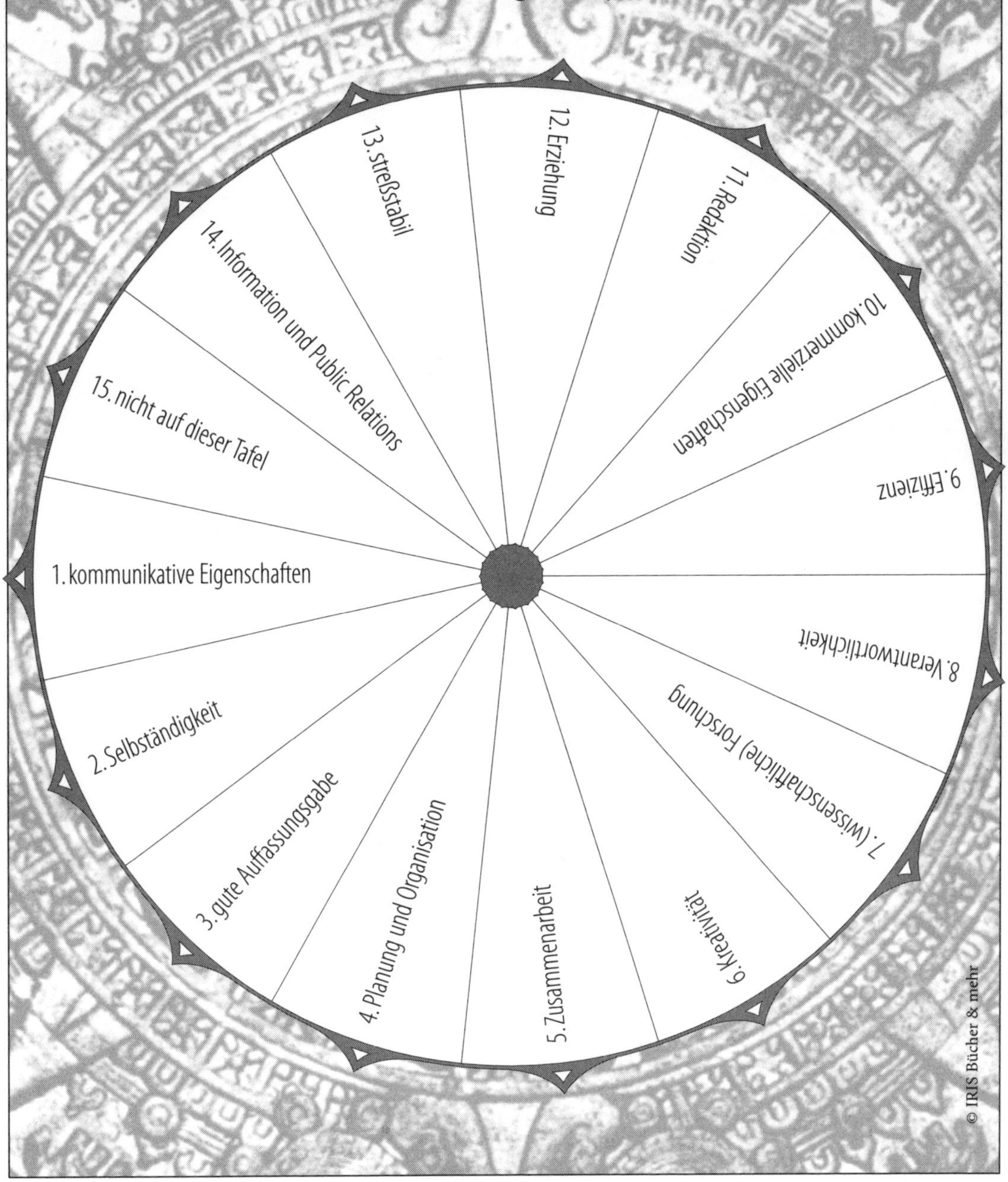

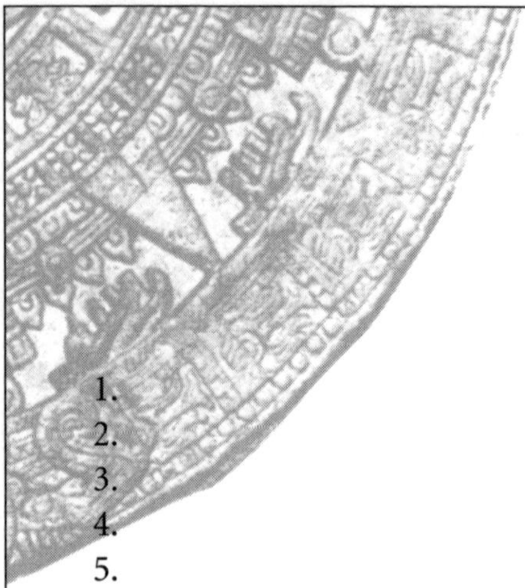

Zusätzliche Pendeltafel

mit 25 Antwortmöglichkeiten

1.
2.
3.
4.
5.
6.
7.
8.
9.
10.
11.
12.
13.
14.
15.
16.
17.
18.
19.
20.
21.
22.
23.
24.
25.

Zusätzliche Pendeltafel

mit 25 Antwortmöglichkeiten

Zusätzliche Pendeltafel

mit 15 Antwortmöglichkeiten

1.
2.
3.
4.
5.
6.
7.
8.
9.
10.
11.
12.
13.
14.
15.

Zusätzliche Pendeltafel

mit 15 Antwortmöglichkeiten

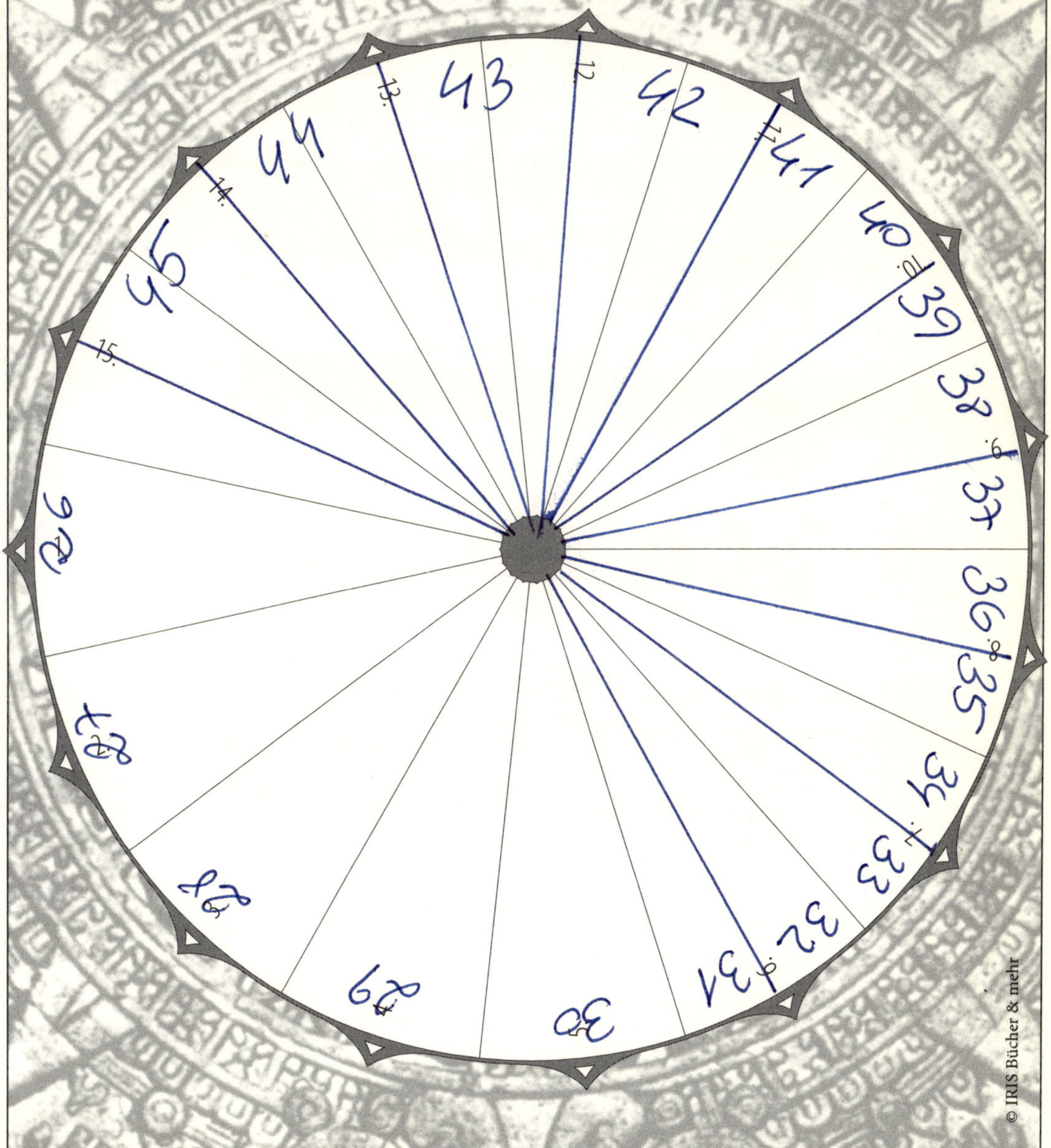

Das Große Pendelbuch

Petra Sonnenberg

Die Arbeit mit dem Pendel
Ein modernes Handbuch für jeden

Mit 135 Pendeltafeln und Stichwortverzeichnis

Das Pendel als täglicher Ratgeber

Das Pendeln erlaubt es, mit Hilfe von kosmischer Energie auf eine Vielzahl von praktischen, leichten oder bedrückenden Lebensfragen eine Antwort zu finden. Ursprünglich ein Nachfolger der Wünschelrute, hat das Pendel inzwischen einen sicheren Platz in der Reihe esoterischer Disziplinen errungen, die dem Menschen mehr Einsicht in das tägliche Leben verschaffen.

Petra Sonnenberg beantwortet häufig gestellte Fragen: Was ist Pendeln eigentlich? Kann jeder pendeln? Muß eine bestimmte Veranlagung vorhanden sein, um pendeln zu können? Wofür kann man das Pendel benutzen und wofür nicht? Wie kann man eine Frage am besten formulieren? Welche Fragen kann man und welche Fragen sollte man besser nicht stellen? Was ist der beste Zeitpunkt, die Kräfte des Pendels zu benutzen? Wie muß die Reaktion des Pendels interpretiert werden? Und welche Art von Pendel sollte man verwenden?

Petra Sonnenberg möchte Mythen des Pendelns entschleiern und das Arbeiten mit dem Pendel für jede und jeden zugänglich machen. Sie hat zahlreiche bewährte Pendelkarten und inspirierende Übersichten zusammengestellt, mit denen man schnell und deutlich zu klaren Ergebnissen gelangt. Auch wird deutlich beschrieben, wie man mit dem Pendel arbeiten muß, um ein möglichst gutes Resultat zu erzielen.

Da beinahe alle relevanten Themen behandelt werden, wie zum Beispiel: Beruf, Familie, Finanzen, Gesundheit, Liebe und spirituelle Fähigkeiten, ist *Das Große Pendelbuch* nicht nur ein bahnbrechendes Arbeitsbuch, sondern auch ein Nachschlagewerk von unschätzbarem Wert für jeden, der sich mit dem Pendeln beschäftigt.

Großformat 17 x 24 cm / 352 S.
Zweifarbendruck
ISBN 90-76274-81-9